Flora Rocha

Nintan - mein Meister der Herzensweisheit

Flora Rocha

Nintan
mein Meister der Herzensweisheit

Aus dem Englischen von Andreas Zantop

SILBERSCHNUR VERLAG

Titel der Originalausgabe: *Wisdom of the Heart*

ISBN: 978-3-89845-376-9

1. Auflage 2012

Übersetzung: Andreas Zantop
Gestaltung & Satz: XPresentation, Güllesheim
Umschlaggestaltung: XPresentation, Güllesheim; unter Verwendung verschiedener Motive aus: www.fotolia.com und www.istockphoto.com
Druck: Finidr, s.r.o. Cesky Tesin

Verlag »Die Silberschnur« GmbH · Steinstraße 1 · D-56593 Güllesheim
www.silberschnur.de · E-Mail: info@silberschnur.de

Inhalt

Einführung

Die Weisheit des Universums ist schon immer in jedem von uns gegenwärtig gewesen. Sie findet sich in unseren Herzen, wie bereits unsere Vorfahren wussten. Wir haben ihre Weisheit und Erfahrung von ihnen geerbt, um als Gesellschaft der Zukunft - welche die heutige Gesellschaft ist - den richtigen Weg einzuschlagen.

Leider sind wir jedoch seit einiger Zeit auf einem völlig anderen Weg als dem, der der ursprünglichen Essenz unseres Wesens entspricht. Selbst wenn Wissenschaftler und Forscher mit Theorien aufwarten, nach denen der Mensch von Natur aus primitiven Gewaltinstinkten nachgeht und unterbewusst zu irrationalen Handlungen neigt, so ist die Wahrheit über den Menschen doch, dass er in seinem Innersten ein reines und vollkommenes Wesen ist.

Aus den Aufzeichnungen von Historikern und Geschichtsdeutern lernen wir, dass sich die Geschichte der Menschheit von jeher um die Erlangung dessen dreht, was der Mensch begehrt - sei es umfassende Macht, materieller Reichtum oder Kontrolle über andere Menschen -, und dass er diese Bestrebungen zu seinen vorrangigen Zielen gemacht hat.

Doch dies ist nur die angebliche Realität, eine von vielen Vorstellungen, was die Natur des Menschen ist. Gehen wir aber von dieser Vorstellung aus, so bleibt uns nichts anderes übrig, als unsere Handlungen irgendwie zu rechtfertigen, auch wenn sie lieblos und ohne Mitgefühl geschehen. Diese Sichtweise gestattet es uns, in dem Glauben zu bleiben, dass es eben Teil der Natur von Mensch und Tier ist, in selbstsüchtiger und unbewusster Weise zu handeln, selbst wenn wir damit unserer Umgebung und uns selbst Schaden zufügen, so wie wir es bis zum heutigen Tage tun.

Und doch gab es immer wieder Menschen, die uns zu zeigen versuchten, wie falsch wir damit liegen, so zu denken und zu handeln. Diese erleuchteten Wesen waren schon immer unter uns und haben uns nie verlassen. Durch die gesamte Menschheitsgeschichte hindurch haben sie versucht, uns durch kleine Zeichen und Winke auf ihre Existenz hinzuweisen, doch meistens blieben diese von den Menschen unberücksichtigt, ja sogar unbeachtet. In unserer Geschichte gab es viele solcher kleinen, aber deutlichen Zeichen und Winke, deren Hauptziel es war, uns auf wichtige Botschaften aufmerksam zu machen. Sie sind Perlen der Weisheit, weitergegeben von den Weisesten unter uns, die dafür kämpfen, dass dieses heilige Erbe nicht verlorengeht. Doch bis heute ist es uns nicht gelungen, dieses heilige Wissen zu unserem Vorteil zu nutzen.

Zweifellos haben wir einen Großteil des Wissens unbeachtet gelassen, das uns helfen könnte zu verstehen, wer wir sind und was uns umgibt. Unser Planet und wir als Gesellschaft treten nun in eine neue Phase der Entwicklung ein, und wir sind der Annahme, dass wir in wissenschaftlicher und technologischer Hinsicht viel erreicht haben. Deshalb ist es mehr denn je notwendig zu wissen, wer wir sind und wohin wir gehen.

Wir müssen erkennen, wie wichtig unser Lebensumfeld ist und welche Aufgaben für uns in diesem Umfeld anstehen. Wenn wir dies täten, würde es uns über jeden Zweifel hinaus zeigen, dass der von uns eingeschlagene Weg der Menschheit in ihren Bestrebungen nicht dienlich ist, ebenso wenig wie der Lebensaufgabe, die jeder von uns als universelles Wesen verfolgt. Noch haben wir Zeit, uns hierauf zu besinnen und die Wunden zu heilen, die jedes einzelne Lebewesen als auch unsere Mutter Erde noch mit sich trägt.

Kapitel 1

Ein neuer Freund

Wie ich bereits erwähnte, gab es auf unserem Planeten schon immer Wesen mit großer Weisheit, die versucht haben, uns das finden zu lassen, wonach wir suchen: Glück. Doch hier geht es um eine andere Definition des Wortes "Glück" als die, die uns beigebracht wurde. Wenn ich hier von "Glück" spreche, meine ich etwas viel Größeres und Umfassenderes, nahezu Unendliches, das für uns Menschen nur schwer zu begreifen ist, weil wir allem, was uns umgibt, Grenzen gesetzt haben, an die wir glauben - was schon bei unseren eigenen Fähigkeiten und Entwicklungsmöglichkeiten beginnt.

Um dies nachvollziehen zu können, ist es erforderlich, dass wir unser Herz und unseren Geist etwas mehr öffnen; wir müssen wahrnehmen, vor allem fühlen, was wir uns selbst für so lange Zeit versagt haben, nämlich die Tatsache der Existenz und Präsenz von Wesen mit bedingungsloser Liebe, die sich zeit ihres Lebens unserem Wohlergehen verschrieben haben.

In meinem Fall war es so, dass ich mich lange Zeit nicht darum sorgte, was ich aufgrund meines aufgewühlten, unachtsamen und eigennützigen Lebensstils nicht sehen oder fühlen konnte. Mitunter entwickelte ich etwas Interesse an mystisch-esoterischen Themen, und dann besuchte ich ein Zentrum für gnostisches Wissen. Das geschah jedoch nur einige wenige Male, weil man mich dort von bestimmten Themen und Sachverhalten einfach nicht überzeugen konnte. Ich war damals erst siebzehn und hatte noch nicht die nötige geistige Reife entwickelt, sodass meine erste Annäherung an das Thema Spiritualität nicht besonders erfolgreich war.

Das Leben hielt jedoch eine wundervolle Überraschung für mich bereit, die mir drei Jahre später, zum Zeitpunkt der totalen Sonnenfinsternis am 11. Juli 1991, offenbart wurde. Zu jenem Zeitpunkt war ich zwanzig Jahre alt und befand mich in einer wechselvollen Lebensphase. Ich fühlte mich zwar "gut", doch gleichzeitig irgendwie einsam und leer, als ob ein Teil von mir verloren gegangen war. Und obwohl ich mit meinen Eltern und meinen beiden Schwestern harmonisch zusammenlebte und mich als "einigermaßen glücklichen" Menschen betrachtet, spürte ich ein seltsam "nostalgisches" Gefühl in mir.

Die Sonnenfinsternis stand unmittelbar bevor, und ich fühlte mich aufgrund der großen Erwartungen und der Rastlosigkeit der Menschen um mich herum etwas verwirrt. Ich erinnere mich noch an das, was die Menschen mit der Sonnenfinsternis assoziierten: Die einen sahen in ihr einen Hinweis auf das nahende Ende der Welt oder eine große Katastrophe; für andere war es einfach ein wundervolles Naturphänomen.

Für mich war es etwas Unbekanntes, das ich nicht näher beschreiben konnte. Ich fühlte nichts Ungewöhnliches vor Eintritt der Finsternis, doch irgendetwas bereitete mir Unbehagen, ohne dass ich sagen konnte, was genau es war.

Dann trat die Sonnenfinsternis ein, und um uns herum begann es dunkel zu werden. Hunde fingen an zu bellen, Hähne begannen zu krähen. Ich wollte nach draußen vors Haus treten, doch meine Eltern ließen mich nicht hinaus; sie befürchteten wohl, dass ich mit bloßen Augen in die Sonne schauen würde oder mir irgendetwas anderes zustoßen könnte. Doch sie ließen mich in den Innenhof unseres Hauses gehen, wo ein großer Baum stand, unter dem ich Platz nahm.

Als ich da so saß, fühlte ich so viel Glück und Freude beim Beobachten des Schattenspiels der Sonne; lauter kleine Halbmonde - die schon halb verfinsterte Sonne - zeichneten sich auf dem Boden des Hofes ab. Es war wie pure Magie, eine irgendwie unerklärliche Schönheit. In diesem Moment schien es mir, als ob die Zeit stillstehen würde - zumindest für mich. Ich spürte eine große Stille um mich herum, und noch heute fällt es mir schwer, diese wundervolle Stimmung von damals zu beschreiben. Ich spürte einen tiefen Frieden, großes Glück und ausgelassene Freude in mir, und ich erinnere mich noch, wie ich mit der ganzen Kraft meiner Stimme zu mir selbst sagte: "Oh lieber Gott, wenn sich mein Leben oder das anderer ändern soll, dann bitte ich dich, dass es sich zum Besseren ändere ..."

Kaum hatte ich dies ausgesprochen, spürte ich eine tiefe Ruhe und Gelassenheit in mir, doch gleichzeitig war ich über meine Gefühle auch etwas verwirrt, denn für gewöhnlich kamen mir Worte wie diese nie über die Lippen. Und doch fühlte ich mich glücklich, so als ob mir ein riesiges Gewicht von den Schultern genommen worden war. Nie zuvor hatte ich solch intensive Gefühle von Freude und Liebe gespürt, und es fiel mir schwer, diese überwältigenden Empfindungen zu begreifen.

Die Tage darauf fühlte ich mich wie verwandelt, denn ich spürte nach wie vor dieses Glücksgefühl, das ich nicht in Worte fassen konnte und von dem ich auch nicht wusste, warum es überhaupt so intensiv aufgetreten war. Es war, als ob das Leben selbst mir mitteilen wollte, dass etwas Magisches und Wundervolles in mein Leben treten würde, obwohl es völlig unmöglich war, so etwas auch nur im Mindesten vorauszuahnen.

Es war der 15. Juli kurz vor Morgengrauen. Ich schlief noch tief und fest, als ich plötzlich das Gefühl hatte, dass jemand in mein Schlafzimmer gekommen sei und das Licht eingeschaltet habe. Es fühlte sich wirklich so an, als ob das Licht der Lampe auf meine noch geschlossenen Augen schien, und ich nahm an, dass meine Mutter den Raum betreten und das Licht eingeschaltet hatte, weil sie irgendetwas brauchte. Doch ich befand mich in einem solch angenehmen Halbschlaf, dass ich die Augen einfach nicht öffnen wollte. Ich dachte, wenn ich meine Augen öffnete, würde ich nicht wieder einschlafen können, und so schenkte ich dem Ganzen nicht allzu viel Aufmerksamkeit und wartete einfach darauf, dass meine "Mutter" den Raum wieder verlassen würde.

So verging einige Zeit, doch das Licht war immer noch da, und langsam wachte ich auf. Ich beschloss, meine Augen zu öffnen und meine "Mutter" sanft darauf hinzuweisen, dass sie mich noch ein bisschen weiterschlafen lassen sollte. Als ich meine Augenlider langsam hob, spürte ich eine strahlende Helligkeit, die mich gleich wieder zum Schließen meiner Augen veranlasste. Mein Herz begann schneller zu schlagen, denn in jenem Moment wurde mir klar, dass meine Mutter den Raum gar nicht betreten hatte.

Ein starkes Angstgefühl ergriff mich, und ich spürte eine Abneigung, meine Augen erneut zu öffnen, doch am Fußende meines Bettes spürte ich ein gewisses Gefühl von Wärme, das mich überströmte und mich noch mehr in Verwirrung versetzte. Ich brachte kein Wort hervor; ich versuchte es, aber es gelang mir einfach nicht. Ich hatte den Wunsch, mit meiner Mutter zu sprechen, weil ich in dem Glauben bleiben wollte, dass sie es sei, die mein Zimmer betreten hatte, doch schließlich sagte mir irgendetwas, dass es wirklich nicht sie war, die sich im Raum befand. Ich weiß nicht, wie viel Zeit vergangen war, bevor ich meine Augen wieder öffnete.

Als ich es schließlich tat, konnte ich immer noch nicht genau ausmachen, was da im Raum war. Als ich jedoch mein Augenmerk auf das strahlend helle Licht vor mir richtete, konnte ich klar die Umrisse eines sehr großen Mannes erkennen. Sofort pochte mein Herz noch schneller, und tausend Gedanken schossen mir durch den Kopf. Mein erster Gedanke war, es wäre ein Einbrecher, der meiner Familie etwas antun wollte.

Ich schloss meine Augen erneut in dem Wunsch, er möge schnell wieder verschwinden, und redete mir ein, dass alles nur ein Traum sei, doch ich konnte seine Anwesenheit immer noch deutlich spüren. So verging einige Zeit, und ich versuchte, tapfer zu sein und meine Augen wieder zu öffnen. Ich war so verängstigt und verwirrt, doch schließlich schaffte ich es, meine Augen erneut zu öffnen.

Nun konnte ich den Mann klarer erkennen. Er schien älter zu sein und hatte orientalische Gesichtszüge, und ich glaubte, ein leises Lächeln um seinen Mund herum wahrzunehmen.

Nun war meine Verwirrung komplett, denn sein Erscheinungsbild war alles andere als das eines Einbrechers oder Diebes. Und irgendetwas sagte mir, dass er mir nichts antun würde.

Ich erinnere mich noch, wie blendend hell das Licht war, doch was mich am meisten überraschte, war, dass dieses Licht offenbar direkt aus dem Körper des Mannes strahlte. Er schien buchstäblich von innen zu leuchten, und gleichzeitig erleuchtete er alles um sich herum.

Eine Weile schien er mich einfach nur zu beobachten, dann wandte er sich nach links und ging zur Tür. Ich konnte sehen, wie das weiße Licht ihm folgte, und als er den Raum verlassen hatte, war auch das Licht fort; der Raum war wieder in vollkommene Dunkelheit gehüllt. Ich konnte ihm noch durch die geschlossene Tür mit meinen Augen folgen und sah, wie er in Richtung Wohnzimmer weiterging. Doch dann, auf dem Flur, verschwand er allmählich aus meiner Sicht.

Was an jenem Morgen geschehen war, überstieg meine Vorstellungskraft bei weitem. Ich blieb noch eine ganze Weile im Bett liegen, unfähig, irgendetwas von mir zu geben oder aufzustehen, bis ich schließlich all meinen Mut zusammennahm, aus dem Bett schlüpfte und zu meinen Eltern hinüberging, um ihnen - erschreckt und erstaunt zugleich - zu erzählen, was sich zugetragen hatte.

Meine Eltern untersuchten sofort jeden Winkel des Hauses, konnten aber nichts Ungewöhnliches feststellen. Niemand schien das Haus betreten zu haben, und so kamen sie zu dem Schluss, dass es wohl nur ein Traum gewesen sei, der mich so verängstigt hatte. Doch für mich war dies kein Traum, sondern eine sehr reale Erfahrung, denn ich wusste, dass ich nicht mehr geschlafen hatte. Ich hatte eine klare Erinnerung an alles, was geschehen war. Und obwohl ich die ganze Zeit vor Angst wie gelähmt war, wusste ich, dass ich etwas gesehen hatte, was wirklich dagewesen war und kein Traum gewesen sein konnte.

In den Tagen darauf kreisten meine Gedanken nur um dieses seltsame Ereignis, und ich suchte nach irgendeiner Erklärung dafür. Und obwohl ich nie eine finden konnte, war ich doch davon überzeugt, dass dies alles real und wirklich geschehen war. Diese innere Gewissheit veranlasste mich auch dazu, mich für meine Feigheit zu rügen, den Mann kein einziges Mal angesprochen zu haben. Immer wieder sagte ich mir: Sollte dies noch einmal geschehen, dann würde ich all meinen Mut zusammennehmen und ihn ansprechen, doch ich befürchtete, dass sich die Gelegenheit dazu wohl nie mehr ergeben würde.

Mir gingen so viele Fragen durch den Kopf, auf die ich einfach keine Antwort fand. Ich dachte, vielleicht hatte ich es mit einem Geist, einem Engel oder einfach einer Vorstellung in meiner Fantasie zu tun gehabt, denn ich fand einfach keine Erklärung für das Phänomen. Ich unternahm sogar den Versuch, mich selbst davon zu überzeugen, dass es letzten Endes vielleicht doch nur ein Traum gewesen war.

Doch natürlich stellte mich diese "Erklärung" nicht vollkommen zufrieden, denn ich war mir gewiss, dass dies *wirklich* geschehen war. Ich war sicher, dass das, was ich gesehen hatte, keine Person mit einem physischen Körper gewesen war, denn es wäre ihr nicht möglich gewesen, sich unserem Haus zu nähern, ohne vorher Bekanntschaft mit meinem wachsamen und ziemlich scharfen Hund zu machen und ohne eine Spur seines Besuchs zu hinterlassen.

Drei Tage nach diesem Erlebnis ging ich hinaus in den Hof, in dem wir viele große Mangobäume hatten, um mit meinem Hund zu spielen. Der Hof war mein Lieblingsort, um mich vorm Zubettgehen noch etwas zu bewegen und zu entspannen.

Als ich da so stand, spürte ich plötzlich ein starkes Unbehagen, wie ich es von der Achterbahn auf dem Jahrmarkt kannte. Ich verband dieses Gefühl sofort - und nun glaube ich auch zu wissen, warum - mit dem Erlebnis, das ich drei Nächte zuvor gehabt hatte. Ich wusste, dass dasselbe Wesen oder diese Person erneut anwesend war. Mein Hund begann nervös hin- und herzuspringen, während er zum hinteren Ende des Hofes schaute. Und dann sah ich dort hinter einem Baum dasselbe strahlend weiße Licht wie zuvor in meinem Schlafzimmer.

Ich war aufgeregt, und das Herz schlug mir bis zum Hals. In dem Moment, als ich am wenigsten damit gerechnet hatte, spürte ich wieder diese starke Nervosität und Ungewissheit. Plötzlich hörte ich Schritte und sah die Silhouette dieser Person, wie sie sich langsam auf mich zubewegte. Auch wenn ich sie nicht klar erkennen konnte, so wusste ich doch, dass es sich um dieselbe Person handelte, denn sie strahlte dasselbe helle Licht aus wie zuvor.

Wieder schossen mir tausend Gedanken durch den Kopf. Ich wusste nicht, was ich tun sollte, obwohl ich mir gleichzeitig sagte, dass dies doch die von mir herbeigesehnte Gelegenheit sei herauszufinden, wer dieses Wesen ist und was es will. Als ich dann meinen Hund beobachtete und merkte, dass er nicht aggressiv knurrte oder anschlug, sondern sich beruhigte und so verhielt, als ob sich eine uns vertraute Person näherte, ließ meine Nervosität nach.

Schließlich stand er etwa zwei Meter von mir entfernt und lächelte genauso freundlich wie bei unserer ersten Begegnung. Ich erinnere mich noch, dass ich einen wundervollen Duft wahrnahm, den ich in jenem Moment nicht mit ihm in Verbindung brachte, der mich jedoch irgendwie besänftigte und mir half, meine Gefühle zu kontrollieren.

Ich versuchte etwas zu sagen, doch alles, was ich hervorbrachte, war: "Wer bist du?" Mit sanfter Stimme antwortete er: "Ich bin dein Freund; ich möchte, dass du mich als deinen Freund betrachtest ..."

Ich wusste nicht, was ich darauf erwidern sollte; ich fühlte mich verwirrt und irgendwie aufgewühlt. Ich konnte nicht glauben, dass - auch wenn ich es mir so sehr gewünscht hatte - ich wieder Bekanntschaft mit diesem mysteriösen Wesen machte.

Er versetzte mich wirklich in Erstaunen. Als er sprach, schien es, als ob ich seine Stimme nicht mit meinen Ohren hörte, sondern aus der Mitte meines Körpers. Trotzdem konnte ich sehen, wie er seine Lippen bewegte, wenn er sprach. Ich war ziemlich verblüfft und erinnere mich, dass er noch etwas anderes sagte, doch ich war wie benommen und zu verwirrt, als dass ich verstehen konnte, was er mir sagen wollte.

Er sprach weiter zu mir und stellte völlig normale Fragen, wie man sie jeder anderen Person stellen würde, die man gerade kennengelernt hatte. Auch das überraschte mich, denn ich dachte, ich wäre diejenige, die die Fragen stellen würde. Doch er fuhr mit seinen Fragen fort, die alle recht einfach waren.

Er fragte mich, wie sich mein Leben anfühle, worauf ich nur nervös entgegnen konnte: "Gut." Dann fragte er mich, ob ich mich in der Schule wohlfühle, und wie es meiner Familie und meinen Freunden gehe. Ich erinnere mich noch daran, dass ich dachte, er würde mir diese Fragen nur stellen, um mir meine Nervosität zu nehmen. Doch meine Nervosität wurde eher noch stärker.

So stand er dort für einige Minuten - ich weiß nicht mehr, wie lang es war -, doch das war genug Zeit für mich, ihn besser wahrzunehmen als beim ersten Mal. Ich sah, dass er tatsächlich eine physische Person und keine Geistererscheinung war, wie ich zuvor angenommen hatte.

Sein Erscheinungsbild war wunderschön; er strahlte etwas so Bezauberndes und Faszinierendes aus, dass es mich erschaudern ließ. Ich war aufgeregt und den Tränen nahe. In seinem Blick spürte ich große Liebe und tiefen Frieden; seine zarten, langen und schönen Hände bewegten sich mit Anmut und Grazie. Was mich aber am meisten an ihm überraschte, war seine Kleidung; er trug ein weites Gewand in einem hellen Blauton, das knapp bis zum Boden reichte. Dazu trug er wunderschöne Leinenschuhe mit kunstvollen Stickereien und interessanten Symbolen. Schließlich lächelte er und sagte: "Wir werden uns schon sehr bald wiedersehen ..."

Er beugte sich hinunter zu meinem Hund, streichelte ihn und lächelte erneut. Dann drehte er sich um und ging davon. Ich stand immer noch wie angewurzelt am selben Platz, doch nun spürte ich ein tiefes und doch irgendwie schwer erklärbares Glücksgefühl.

Seine Präsenz hatte etwas Magisches an sich und erfüllte mich mit Gefühlen, die ich bis dahin nicht gekannt hatte. Ich wollte vor Glück einfach drauflosheulen und jedem, der mir begegnete, sofort erzählen, was mir widerfahren war, auch wenn ich immer noch von Ungewissheit und Zweifeln erfüllt war. Doch diese Gefühle von Freude und Glück waren so intensiv - vielleicht auch, weil ich wusste, dass ich ihn bald wiedersehen würde. Und so kam es dann auch.

Dieser Begegnung mit ihm folgten noch viele weitere. Zunächst suchte er mich gewöhnlich an den ruhigsten Orten auf, die es in meiner Umgebung gab: im Hof unseres Hauses, am Strand und in der freien Natur. Dabei spielte es für ihn keine Rolle, ob andere Menschen anwesend waren oder nicht. In den Tagen darauf war ich einerseits sehr aufgeregt, spürte andererseits aber auch immer wieder einen Schwall von Glücksgefühlen.

Meine Familie begann sich allerdings langsam um diesen mysteriösen "Kavalier" zu sorgen, der für mich allmählich zu einem guten Freund wurde. Zu jener Zeit hatte ich ihm noch nicht viele Fragen zu ihm und seiner Herkunft gestellt; irgendetwas sagte mir, ich sollte es ihm überlassen, wann er es für richtig hielt, das zu tun.

Obwohl ich von Anfang an den starken Wunsch hegte herauszufinden, wer er war und was er wollte, hatte ich ihn doch nur nach seinem Namen gefragt. Er antwortete, dass sein Name für mich nicht leicht auszusprechen sei, aber dass ich es einfach probieren solle, so gut ich eben könne. Und so nannte ich ihn

“Nintan”, was seinem tatsächlichen Namen recht ähnlich klang. Als wir uns im Laufe der Zeit vertrauter wurden, ging ich dazu über, ihn einfach “Nintancito” zu nennen - eine Art Kosename, mit dem ich meine Zuneigung für ihn zum Ausdruck bringen wollte.

Innerlich wusste ich irgendwie, dass es mir unmöglich sein würde, alles über ihn zu erfahren, was ich wissen wollte. Außerdem befürchtete ich, seine Freundschaft und Gesellschaft zu verlieren, die mir in der Zwischenzeit sehr wertvoll geworden war. Zum ersten Mal spürte ich in mir ein tiefes Gefühl von Glück, Frieden und Liebe für alles, was mich umgab. Vor allem aber lehrte er mich Wertschätzung für meine Familie. All dies lernte ich von ihm in nur wenigen Tagen.

Das bedeutet nicht, dass er mich in eine Heilige oder irgendetwas Ähnliches verwandelt hätte, doch nun konnte ich sehen, wie blind, verwirrt und ignorant gegenüber meiner Umgebung ich bisher durchs Leben gelaufen war - was auch auf meinen beruflichen Weg und mein Studium der Meeresbiologie zutraf. Ich begann zu verstehen, dass die Naturwissenschaft sich nur mit der materiellen Seite der Dinge und ihren vermeintlichen Ursprüngen befasste, ohne im Stande zu sein, über diese Grenzen hinauszugehen und die eigentliche Essenz zu erfassen, die jedem Wesen, Organismus oder Mikroorganismus eigen ist. Zum ersten Mal verstand ich nun die wahre Schönheit und Essenz jedes Lebewesens, und diese Lektion lernte ich nicht etwa in der Schule, sondern von einem alten, ungewöhnlich schönen Mann voller Liebe.

Als ich es schließlich schaffte, mich zu beruhigen und zu begreifen, dass diese Erfahrungen weit über alles hinausgingen, was ich bisher kannte, wusste ich auch, dass ich meine Furcht ablegen musste, die ich bisher noch spürte. Um die Botschaften dieses Mannes, der mich gleichzeitig faszinierte und erschaudern ließ, wirklich aufzunehmen, sollte ich mich einfach seiner Präsenz hingeben und offen sein. Irgendwie wusste ich, dass dieser Mann ganz anders war und einige für mich äußerst wichtige Lektionen bereithielt - auch wenn ich mich bis dahin noch davon zu überzeugen versucht hatte, dass er nur eine ungewöhnliche, etwas realitätsferne Person sei. Nun war mir klar, dass es hier für mich um mehr ging und ich noch einige Überraschungen erwarten konnte.

Ich erinnere mich, dass es bei jeder unserer Begegnungen immer eine große Lektion für mich gab. Einmal, als ich am Strand saß, kam er und setzte sich direkt neben mich. Ich schaute mich um, und obwohl ich von vielen Menschen umgeben war, nahmen doch nur sehr wenige Notiz von ihm, und das auch nur mit mäßigem Interesse. Es überraschte mich, dass kaum jemand ihm Beachtung schenkte; die meisten Menschen verhielten sich sogar völlig gleichgültig und teilnahmslos.

Ich fragte ihn: "Warum interessieren sich nur so wenige Menschen für dich, wo doch deine Präsenz alles andere als 'normal' ist? Üben sich diese Menschen einfach nur in Diskretion, oder ist es, weil nur sehr wenige von ihnen dich überhaupt wahrnehmen können?"

Auf behutsame Weise versuchte ich, mehr über ihn herauszufinden und auch mir selbst zu versichern, dass es wirklich er war, den ich sah, und nicht ein Produkt meiner Fantasie. Und als ob er meine nicht ausgesprochenen Gedanken und Absichten gehört hätte, antwortete er: "Lass all deine Sorgen hinter dir; ich bin so real wie das wunderbare Meer vor uns. Ich bin keine Vorstellung in deiner Fantasie, ich bin ein Teil deines Herzens, und du bist ein Teil von mir."

Seine Antwort beruhigte mich irgendwie und gab mir das Gefühl, dass ich es mit jemandem zu tun hatte, der für mich eine wichtige Rolle spielte, selbst wenn ich nicht erklären konnte, warum. So vergingen die Tage und Wochen, und unsere Begegnungen kamen über die Zeit immer häufiger zustande. Wir sprachen praktisch über alles, wobei er sich meistens zurückhielt und mir die Initiative überließ, Fragen zu stellen und Überlegungen zum Ausdruck zu bringen. Er sagte mir, wie wichtig es sei, die eigenen Wünsche, Ängste Glücksgefühle und andere Emotionen frei zu äußern. Damit half er mir, einen Aspekt meines Selbst besser zu verstehen, den ich bis dahin ignoriert hatte, und zweifellos lehrte es mich auch, in Kontakt mit meinen eigenen - bis dahin unterdrückten - Gefühlen zu treten.

Bei einer anderen Begegnung - ich befand mich gerade auf einem schönen blumenbewachsenen Platz mitten in der Stadt - sagte er: "Was für ein wunderschöner Himmel, was für wunderschöne Blumen, was für eine wunderschöne Welt! Findest du sie schön? Magst du diese Blumen? Sprich es aus, wenn es so ist, denn wenn du die Schönheit, die dich umgibt, in Worten ausdrückst, wenn du deiner Bewunderung Worte verleihst, machst du deiner Umgebung damit ein großes Geschenk. Was du bewunderst, was du als schön empfindest, leuchtet auf und erstrahlt in herrlichstem Glanz. Und du sorgst damit dafür, diese Schönheit zu bewahren und noch zu vergrößern. Außerdem bereicherst du dich selbst, dein innerstes Wesen und dein Herz damit, da es ein Naturgesetz ist, dass du immer erhältst, was du gibst. Deshalb solltest du Gedanken und Gefühle von Bewunderung und Liebe nicht für dich behalten; bringe sie offen zum Ausdruck - Mutter Erde braucht und wünscht sich dies so sehr. Selbst wenn es dir schwerfällt zu glauben, dass dies ihr tatsächlich bei der Linderung ihrer Schmerzen hilft - es ist die Wahrheit, die alle Wesen dieser Erde verstehen und in Erinnerung behalten sollten ..."

Jede unserer Begegnungen bescherte mir eine neue, außergewöhnliche Lernerfahrung. Allein schon ihm zuzuhören, wie er all diese wundervollen Dinge erzählte, versetzte mich in ausgelassene Freude. Doch gleichzeitig war ich auch immer wieder leicht verstört, denn es war, als ob ich meine Augen nach einem langen Traum zum ersten Mal wieder öffnete. Seine wundervolle Gegenwart, seine feinsinnige und einfühlsame Art, wie er die Dinge dieser Welt und des Universums beobachtete und beim Namen nannte, weckten mein Interesse, mehr über ihn und wer er wirklich war herauszufinden. Und doch hatte ich irgendwie Angst vor seiner Antwort; ich befürchtete, mit ihr nichts anfangen zu können, und so zog ich es vor, dieses Mysterium einfach auf sich beruhen zu lassen und mich in der Gegenwart auf unsere Freundschaft zu konzentrieren.

So vergingen etwa drei Monate, als er mir bei unserer nächsten Begegnung plötzlich und völlig unerwartet für mich eröffnete: "Ich habe von deinem Herzen die Botschaft erhalten, dass du mich nun als guten Freund betrachtest. Deshalb bin ich jetzt aufgefordert, mich dir zu öffnen und dir alles über mich zu erzählen. Ich weiß, dass du dich genau dies schon so oft gefragt hast, ohne mich darauf anzusprechen - und ich weiß, dass du dies aus Respekt mir gegenüber getan hast, aber auch aus der Befürchtung heraus, meine Antwort vielleicht nicht zu verstehen. Ich danke dir dafür, dass du mehr über mich wissen wolltest, ohne je Bedingungen oder Forderungen zu stellen. Weißt du, ich bin eigentlich jemand wie du und jeder andere Mensch auf diesem Planeten, selbst wenn mein Erscheinungsbild für euch vielleicht etwas 'ätherisch' und deshalb ungewöhnlich ist. Doch am wichtigsten ist: Du hast für dich entdeckt, dass ich wirklich dein Freund bin. Und du als mein Freund wirst fortan alles verstehen, was ich an dich weitergebe; du wirst hören, sehen - und einfach wissen."

Die »Offenbarung«

Dieser Art “Bekenntnis” von ihm folgte eine wundervolle Wandlung meines Lebens. Mein Leben erschien mir seitdem wie ein traumhaft schönes, fast schon unwirkliches Märchen. Wo ich vorher so lange Zeit verschlossen und ignorant durchs Leben gelaufen war, war ich nun endlich im Stande, die wahre Schönheit all dessen, was uns umgibt, ja, die Schönheit des ganzen Planeten zu erfassen und eine völlig neue Realität wahrzunehmen. Seit diesem Zeitpunkt habe ich viele Orte auf unserer wunderschönen Mutter Erde bereist - begleitet von Wesen großer Liebe und Weisheit wie Nintancito - mit dem Ziel, diese neue, wundervolle Lebenserfahrung, die für mich mit der Sonnenfinsternis im Juli 1991 begann, fortzuführen.

Doch es war alles andere als einfach, denn zuvor musste ich all jene Dinge lernen - oder mich mit der Hilfe dieser wundervollen Wesen daran erinnern -, die erforderlich waren, um in physischer Form mit ihnen zusammenleben zu können. Dazu gehörte zum Beispiel das Lösen von Blockaden aus Gefühls- und Gedankenenergien, die wir Menschen aufgrund der Gewohnheiten unseres Egos immer noch mit uns herumtragen und die nichts mit unserem wirklichen natürlichen Wesen zu tun haben. All dies war und ist immer noch ein Prozess, der für mich sehr kräftezehrend ist, denn unsere Gewohnheiten und Überzeugungen sind so tief in uns verwurzelt, dass es nicht einfach ist, all die Einflüsse zu erkennen, die uns ablenken und wegführen von unserem wahren Selbst - dem, was wir wirklich sind.

Der Schlüssel hierzu ist zu erkennen und zu benennen, was uns umgibt und wie es uns beeinflusst. Mit dieser Erkenntnis wird es uns leichter fallen, in uns hineinzufühlen und uns selbst besser zu verstehen - und die Gewissheit zu spüren, dass wir genau das tun, worum unser Herz uns bittet.

Die Wesen, auf die ich mich beziehe, wie etwa Nintancito, sind unsere Brüder im Geiste, wie alle anderen Bewohner dieses wunderschönen Planeten. Ich glaube nicht, dass es passend wäre, sie als "außerirdische" Wesen zu bezeichnen, denn ich habe noch nie Wesen kennengelernt, die so ausgeglichen, hingebungsvoll und respektvoll gegenüber Mutter Erde sind.

Am Anfang war es wirklich schwer für mich zu verstehen und anzuerkennen, was eigentlich vor sich ging oder Nintancitos Erklärungen zu begreifen, als er mir seine Identität offenbarte. Mir war, als ob das, was er mir sagte, einfach zu hoch für meinen Verstand war; es schien, als ob ich seine Worte nicht mit meinen Ohren, sondern mit meinem ganzen Wesen aufnahm und als ob sie an einem unbekannten Ort landeten, wo ich dann im Stande war zu verstehen, was er mir tatsächlich mitteilte.

Immer wieder reagierte ich auf seine Worte mit großem Staunen. Und obwohl ich oft nicht glauben konnte, was er sagte, wusste ich doch, dass es die Wahrheit war. Mitunter deutete er an, er könne mir nicht alles sagen, weil Worte nicht ausreichten, um alles in seiner Gesamtheit zum Ausdruck zu bringen. Doch ich würde, so seine Vorhersage, jeden Tag etwas mehr von all dem verstehen - vor allem die große Frage nach dem Warum für dies alles.

Er wusste genau, dass ich tausend Fragen und Zweifel hatte, doch nur die Zeit würde mir alle Antworten offenbaren, sagte er. Dann schlug er vor, dass wir unsere Freundschaft einfach fortführen sollten, ohne irgendetwas zu ändern. Er ergänzte, der einzige Grund für das, was geschehen war, sei, dass ich zur Erkenntnis meines Wesens, meiner Weisheit und meines Herzens gelangen sollte. Sobald das geschehen sei, sobald ich mich selbst voll erkannt hätte, würde ich auch alles andere erkennen und verstehen.

Der Weg, der jedem Wesen zu eigen ist, sei der Weg des Glücks, der im Grunde darauf wartet, dass jeder Mensch auf diesem Planeten sich auf eben diesen Weg begibt, so seine Worte. Als ich ihn fragte, wie ich diesen Weg finden könne, antwortete er behutsam und feinsinnig, dass er mir dabei helfen würde.

Unsere Beziehung wandelte sich über die Wochen und Monate zu einer tiefen und ehrlichen Freundschaft, die irgendwie etwas Zeitlos-Unendliches hatte. Auch nachdem er sich offenbart hatte, was seine Identität betraf, änderte sich nicht viel an unserem freundschaftlichen Verhältnis. Mir war mittlerweile klar geworden, dass ich nur mit fortschreitender Zeit begreifen würde, was hier vor sich ging - und so beließ ich es dabei.

Nun, nach über siebzehn Jahren des Zusammenseins und all den großartigen Erlebnissen mit diesen weisen und liebevollen Wesen glaube ich, dass ich etwas - vielleicht das Wichtigste - verstanden habe, nämlich die Mission dieser Wesen und ihren ungeheuren Weisheitsschatz.

In all diesen Jahren habe ich einen Großteil meiner Zeit und Energie dafür aufgebracht, das zu erkennen und zu verstehen, was wir als Menschengeschlecht vergessen zu haben scheinen: die Weisheit, die jeder von uns in seinem Herzen trägt und die so real ist wie Tag und Nacht.

Dies geschah immer unter der Anleitung und mit der Liebe dieser wundervollen Wesen, die ich mit großer Zuneigung

"Meister" nenne, auch wenn sie sich selbst nicht als solche betrachten.

Es gibt so viel, was wir Menschen von diesen Wesen lernen können und auch sollten. Dies ist der Grund, warum ich diese großen Seelen "Meister" nenne, denn sie halten für alle Menschen auf diesem Planeten große Lebenslektionen bereit. Doch ihre Botschaft ist auch, dass jeder von uns sein eigener Meister und "Lotse" ist, denn im Herzen eines jeden Menschen findet sich die unendliche Weisheit des Universums.

Kapitel 2

Warum die Gegenwart der Meister so wichtig ist

Heute ist es wichtiger denn je, uns daran zu erinnern, wer wir wirklich sind und dass wir zu unserer eigentlichen Herkunft zurückkehren können – zu all dem, was wir unserem Wesen nach sind, jedoch gelernt haben zu vernachlässigen oder ganz außer Acht zu lassen. Und wir sollten uns bewusst sein, dass das, was uns beigebracht wurde zu sehen, nicht die einzige Realität ist, sondern dass es da noch viel mehr gibt, als wir uns vorstellen können. Selbst die schönsten Märchen und Erzählungen reichen nicht an die wundervolle Wahrheit über unser wahres Wesen heran, über die wir Menschen bis zum heutigen Tage hinweggesehen haben.

Jahrhundertelang hat man uns gelehrt zu vergessen und unsere Sinne auf das zu konzentrieren, was uns begrenzt, und dieser Ansatz hat uns zu Wesen mit wenigen Emotionen – aber umso mehr Gedanken reduziert.

Diese Gedanken führen uns die meiste Zeit weg von unserem inneren Selbst, stiften ziemlich viel Verwirrung und lassen uns mit allen möglichen Fragen zurück. Manche von uns stellen sich diese Fragen; andere wiederum ignorieren sie und verdrängen sie in den hintersten Winkel ihres Bewusstseins. Meistens gehen wir mit der Masse und suchen nicht nach Antworten auf diese Fragen, sondern halten erneut an dem fest, was wir "verstehen" können. Doch tief in unserem Innersten wissen wir, dass wir die wichtigsten Fragen, die sich uns stellen, beiseiteschieben und damit die wundervolle Natur und Realität unseres wirklichen Wesens unbeachtet lassen.

Wir glauben, uns selbst, unsere Vergangenheit und das, was uns umgibt, zu kennen, doch eigentlich machen wir einen großen Bogen um die Wahrheit. Wir haben eine Unzahl von Gesetzen und Normen geschaffen, die unsere Wahrnehmung der Realität, der Dinge und Wesen, die uns umgeben, stark einschränken, was dazu führt, dass wir das Unbeachtete weiterhin ignorieren.

Maschinen können heutzutage so programmiert werden, dass sie bestimmte Dinge erkennen und identifizieren können. Wenn sie es mit einem anderen Objekt zu tun haben, das in der Programmierung keine Berücksichtigung fand, wird es als unbekannte Größe sofort aus der Berechnung ausgeschlossen und wird so für die Maschine unerkennbar. Obwohl dieses Objekt also tatsächlich existiert, weist die Maschine es wegen ihres Programms als "nicht existent" zurück. Leider ist dies genau das, was auch mit uns Menschen geschehen ist. Unser Gehirn ist programmiert, nur das zu sehen und zu erkennen, was die Gesellschaft uns diktiert hat. Ursprünglich waren wir im Besitz der gesamten Information, und es stellten sich keine Fragen – zumindest keine ohne Antworten. Wir verfügten über unendliche Weisheit und das Wissen um unseren Ursprung als universelle Wesen.

Doch wie schaffen wir es, nach einem so langen und tiefen Schlaf endlich aufzuwachen? Nun, ein Schlüssel wäre zu erkennen, dass wir uns immer noch viele Fragen stellen, und um die Antworten zu finden, müssen wir jene Sinne unseres Wesens öffnen, die wir bisher kaum genutzt haben. Ein großer Vorteil dabei ist, dass wir auf etwas zählen können, das bei unserer Suche zum wichtigsten Wegweiser wird: unser Herz. Wir müssen uns allen Möglichkeiten öffnen, nicht nur jenen, die uns als Person begrenzen. Diese neuen Möglichkeiten lehren uns, dass wir als lebendige Wesen des unendlichen Universums bereits im Besitz der Weisheit und des Wissens sind, die wir zur Beantwortung der vielen offenen Fragen benötigen.

Wenn wir schließlich erkennen, was wir so lange Zeit außer Acht gelassen haben, wird uns dies ein neues, unbekanntes Gefühl von Freiheit geben. Wir werden uns als die Wesen wiedererkennen, die wir wirklich sind.

Jahrhundertelang hatte der Mensch in künstlich geschaffener Verwirrung, Hass und Verzweiflung gelebt, und heute sind wir schon fast zu der Überzeugung gelangt, dass es in unserer Welt nur das gibt, was wir mit unseren fünf Sinnen wahrnehmen können. Wir glauben, dass das Leiden ein unausweichlicher Teil des Lebens ist und wir dagegen nicht viel ausrichten können - uns also in unser Schicksal fügen und das akzeptieren sollten, was uns bis jetzt zugestanden wurde. Religiös veranlagte Menschen gehen auch davon aus, dass wir "in Sünde geboren", also von Anfang an böse, ungehorsam oder rebellisch waren und unser eigener Schöpfervater uns als "ewige Sünder" gebrandmarkt hat.

Es ist nicht schwer, sich vorzustellen, wie sich unser Leben entwickelt, wenn wir zu der Überzeugung gebracht werden können, dass wir als "Sünder" eigentlich nichts verdient haben. Und wenn wir dann doch nach etwas streben, müssen wir als "Sündige" natürlich leiden, um es zu erlangen. Dies ist tatsächlich die Überzeugung der meisten Menschen auf diesem Planeten, und diese Einstellung zu uns und zum Leben hat erst die Verwirrung hervorgebracht, in der wir uns heute wiederfinden.

Wir haben viele Fragen, aber wenige Antworten, und deshalb müssen wir verstehen, wer wir wirklich sind und wie wundervoll unsere Schöpfung ist. Von dem, was man uns jahrtausendelang als "Realität" zu verkaufen versucht hat, sollten wir uns lösen - nun ist es wichtiger denn je, dass wir dies tun. Deshalb müssen wir jetzt auch erkennen, dass wir das, was wir zuvor vielleicht verleugnet oder abgestritten haben, wieder als Realität in Betracht ziehen. Dies ist jedoch nur möglich, wenn wir uns darauf besinnen, mehr mit dem Herzen zu fühlen und uns die wirklich wichtigen Fragen zu stellen: Wer bin ich? Was umgibt mich? Und was ist eigentlich der Sinn des Ganzen?

Außerhalb dieser Welt existiert noch eine weitere wundervolle Realität, die die Meister der Liebe und Weisheit vor dem allgemeinen Vergessen zu bewahren versucht haben. Lange Zeit haben sie darum gekämpft, dass dieses kleine Licht, das immer noch in jedem von uns scheint, nicht vollständig ausgelöscht wird. Ihr Kampf war von vollkommener und bedingungsloser Hingabe geprägt - ein Kampf, den viele Menschen gar nicht bewusst wahrgenommen haben, und von dem wiederum andere Menschen sich gewünscht haben, er würde anders ausgehen. Doch all dies muss und wird sich nun ändern.

Jeder von uns, jeder Mensch auf diesem Planeten, muss von der Anwesenheit dieser wundervollen Wesen erfahren, die uns über lange Zeit so viel gegeben haben, von denen wir aber so gut wie nichts wissen. Ihr Kampf ist ein Kampf der Liebe, und sie geben uns allen, die wir diese Mutter Erde bewohnen, ein lebendiges Beispiel für bedingungslose und allumfassende Liebe. Und wir würden gut daran tun, ihre Mission nicht unbeachtet zu lassen.

Die Mission der Meister auf der Erde – und wie sie uns helfen können

Es gibt eine ganze Reihe von Theorien zur Entstehung des Lebens auf der Erde, doch obwohl es viele Mutmaßungen und Studien zu Ursprung und Entwicklung des Lebens gibt, herrscht unter Wissenschaftlern diesbezüglich keine Einigkeit. Manche vertreten die Überzeugung, dass das Leben auf diesem Planeten durch den Einschlag von Meteoriten entstand, die Partikel organischen Lebens mit sich führten, die sich dann auf der Erde unter günstigen Bedingungen zu komplexeren Lebensformen entwickeln konnten. Andere Wissenschaftler gehen nicht davon aus, dass der "Same" des Lebens aus dem Weltraum zur Erde gelangte, sondern dass das Leben als solches das Ergebnis eines langwährenden, konstanten Evolutionsprozesses auf der Erde ist – und dass der Mensch das letzte Glied in dieser Kette der Evolution darstellt.

Leider ist es vielen Wissenschaftlern unmöglich, mit ihren subjektiven Gefühlen ebenso umzugehen wie mit ihren objektiven Gedanken; ihr großer Fehler war es, die Antworten auf alle Fragen durch logisches Denken zu finden, was sie als "wissenschaftliches Vorgehen" bezeichnen. Sie tendierten immer dazu, den Menschen als eine Maschine zu erforschen und zu beschreiben, denn sie sehen und untersuchen nur die materielle Seite des Wesens Mensch, obwohl wir aus einer größeren Perspektive viel mehr sind als nur das. Das Wunder des Lebens haben sie auf die Wissenschaft der Genetik reduziert, von der sie glauben, sie werde ihnen die Antworten auf ihre Fragen nach unserer Herkunft, unseren Stärken und Schwächen, unseren Tugenden und Lastern und allem anderen liefern. Doch die Antwort ist viel einfacher, als wir glauben, und sie findet sich nicht "dort draußen", sondern im Inneren eines jeden Einzelnen von uns.

Zweifellos haben uns die Naturwissenschaften in vieler Hinsicht bereichert und vorwärtsgebracht; dies soll hier auch gar nicht bestritten werden. Doch mit ihnen können wir die Welt, die uns umgibt, nicht vollständig ergründen oder in ihrer Gesamtheit erklären. Der Grund dafür ist, dass sich die Naturwissenschaften auf die "Ratio", den Verstand des Menschen, gründen - und dies ist nur ein äußerst kleiner Teil dessen, was wir als Wesen wirklich sind.

Der Ursprung des Lebens ist etwas so Wundervolles und auch Bewundernswertes, dass er uns unerklärlich wie unverständlich erscheint - zumindest aus unserer wissenschaftlich-rationalen Perspektive -, denn die uns damit künstlich aufgesetzten Beschränkungen hindern uns letztendlich am Erkennen der Wahrheit.

Als ich mir über den Ursprung des Lebens auf der Erde bewusst wurde - ohne ihn in allen Einzelheiten zu "verstehen" -, entdeckte ich, wie sehr "der wissenschaftliche Mensch" mit seinen Mutmaßungen danebengelegen hatte. Die Erklärung, die die Meister lieferten, war klar und einfach, doch aufgrund ihrer enormen Tragweite und Bedeutung für uns schwierig nachzuvollziehen. Deshalb halte ich es für sehr wichtig, dass wir uns der Mission dieser wundervollen Meister bewusst sind, denn auf diese Weise werden wir auch uns selbst besser kennen und verstehen lernen.

Durch Nintancito und andere Meister erfuhr ich in den letzten siebzehn Jahre viel über ihre Mission - über die Liebe

und Hilfe, die sie uns von den ersten Anfängen der Me
bis zum heutigen Tag haben zukommen lassen. Die beste Me-
thode, etwas über diese wundervolle Mission zu erfahren, war, auf der physischen Ebene mit vielen dieser Meister, die schon immer unter uns waren, in Verbindung zu treten.

Bei der Weitergabe ihres Wissens an mich zogen sie es jedoch vor, ohne Worte auszukommen; stattdessen "sprachen" sie durch ihre beispielhafte Arbeit und einzigartigen Werke. Dazu suchten sie immer wieder heilige Orte und Stätten auf, die ihr Domizil sind. Diese Meister gehen davon aus, dass alle Handlungen des Menschen der aufrichtigen Sprache seines Geistes entspringen, und mit Hilfe dieser wundervollen Lehre konnte ich wahrnehmen, wie grundehrlich diese Meister sind. Vor allem aber konnte ich ihre unendliche Weisheit und Liebe erfahren, die sie jedem Lebewesen auf diesem Planeten entgegenbringen.

Das Leben mit ihnen bedeutete für mich, immer wieder neue Lektionen zu lernen und meine Energien zu kontrollieren. Zu Beginn war dies alles andere als leicht; um den Meistern körperlich nahe zu sein, musste ich lernen, die spontane Freisetzung von Emotionen – die nichts anderes sind als Energien, die von unserem Körper erzeugt werden – unter Kontrolle zu bringen. Der Grund dafür ist, dass diese Emotionen in den meisten Fällen negativ und "schwer" sind, und dies hindert uns Menschen daran, leichtere und subtilere Energien wahrzunehmen.

Es war ein langer Lern- und Entdeckungsprozess. Nach intensiver Arbeit an mir selbst schaffte ich es schließlich, mich selbst etwas besser kennenzulernen und diese wundervollen Wesen nicht mit meinen Gefühlen, Gedanken und emotionalen "Entladungen" zu verletzen. Es war nicht einfach, und ich brauchte etwa ein Jahr, um dies zu beherrschen. Wahrscheinlich hätte es noch viel länger gedauert, wenn Nintancito nicht so viel Geduld und Liebe für mich aufgebracht hätte.

Doch schließlich gelang mir das Kunststück, und so war ich im Stande, alles über diese Meister, ihre Mission auf diesem Planeten und ihre Lebensweise zu erfahren. Und deshalb habe ich es mir - mit Erlaubnis und Unterstützung dieser wundervollen Wesen - zur Aufgabe gemacht, alle Menschen auf die Gegenwart dieser Meister, ihren spirituellen Auftrag und die allumfassende Liebe, die sie jedem Bewohner dieser einzigartigen Erde entgegenbringen, aufmerksam zu machen. Vor allem aber möchte ich darauf hinweisen, dass diese Wesen durchaus real und gegenwärtig sind - was mit dem Mythos bricht, dass unsere Engel oder Lichtwesen unsichtbar und von daher nicht wahrnehmbar seien.

Über die Gegenwart der Meister wurde schon von unseren Vorfahren berichtet; sie standen diesen Wesen ursprünglich sehr viel näher als wir heute und schätzten ihre Präsenz. Zu keiner Zeit betrachteten sie die Meister als "andersartig" oder gar als Wesen, die diesem Planeten fremd sind. Vielmehr sahen sie sie schon immer als kluge Wegweiser mit großer Einsicht in die Dinge des Lebens - und als Brüder im Geiste. Sie halfen unseren Vorfahren zu erkennen, welche Schätze wir als Wesen dieser Erde und des Universums besitzen. Unsere Vorfahren betrachteten das Universum als Teil der Schöpfung, und ihr Leben richtete sich nach den Sternen, denn sie wussten um ihre Verbindung mit dem Kosmos wie auch mit Mutter Erde.

Unsere Urahnen waren sich über ihre Beziehung zum Universum bewusst, und das bedeutete nicht nur, den Himmel zu beobachten, sondern auch, mit den Sternen und ihren Bewohnern zu kommunizieren. Grenzen, wie wir sie heute kennen, gab es für sie nicht, und sie wussten, dass ihr Schicksal, ja, sogar ihr Leben, davon abhing, sich von ihrer inneren Weisheit lenken zu lassen – und diese innere Weisheit stand für sie in unmittelbarer Verbindung mit dem Universum.

Unsere Vorfahren verfügten tatsächlich über ein hohes Maß an Weisheit. Ihnen war bewusst, dass die Menschen, die vor ihnen gelebt hatten, verhängnisvolle Katastrophen erlitten hatten, die dazu führten, dass sie eine ganze Zeit lang vom Antlitz der Erde verschwanden. Die nachfolgenden Menschengenerationen unternahmen deshalb den Versuch, den angerichteten Schaden zu beheben, indem sie sich mit ihrer inneren Kraft verbanden – der Kraft ihres Herzens. Sie waren im Stande, mit diesen Meistern aus den entferntesten Winkeln des Universums in Verbindung zu treten, und es war völlig normal für sie, mit Gewissheit auf die Hilfe und Führung zu vertrauen, die sie von diesen weisen älteren Brüdern des Menschengeschlechts erhielten. Und sie lernten von diesen Wesen, das größte Geheimnis des Universums wiederzuentdecken: die Weisheit des Herzens.

Als ich endlich im Stande war, all dies von den Meistern zu lernen, fügten sie hinzu, es sei schon sehr seltsam, dass es uns Menschen in der heutigen Zeit so schwerfalle zu glauben, dass diese Verbindung mit dem Universum tatsächlich existiert. Um mir dies deutlich zu machen, gaben sie mir ein Beispiel "im kleinen Maßstab"; sie wiesen darauf hin, dass es in unserer Welt Menschen gibt, die missionarisch tätig sind und zum Schutz hilfsbedürftiger Menschen von Land zu Land reisen, unabhängig davon, ob sie Einwohner dieses Landes sind oder aus einem anderen, weit entfernten Land stammen. Nun, dies ist genau das, was seit Jahrtausenden auf diesem Planeten geschehen ist: Brüder, Meister, Freunde oder wie immer wir sie auch nennen wollen, haben unsere Hilferufe erhört und sind aus den Weiten des Universums hierher zur Erde gekommen, um ihre Liebe und Weisheit mit uns zu teilen.

In alten Überlieferungen verschiedener Kulturen finden wir klare Hinweise auf die Bedeutung, die diese erhabenen Wesen für die Menschheit hatten; oft wurden sie als "Götter" angesehen (wobei die beste Übersetzung wohl "Ratgeber" oder "Wegweiser" wäre). Sie standen in direktem Kontakt mit jedem Menschen, der bestrebt war, die Schönheit der Schöpfung zu ergründen - und die dahinter wirkende Kraft der Liebe und Weisheit, die sich im Herzen eines jeden Menschen findet. Ihre Beziehungen zueinander waren von Harmonie und Respekt geprägt; die Menschen konnten sich nach innen wenden und eine Art "Reise" zu den Wurzeln ihrer eigenen Natur unternehmen. So konnten sie das Göttliche in sich selbst erschließen und zu tiefer Weisheit gelangen, um die universellen Gesetze der Liebe und des freien Willens zu erlernen und für sich und ihre Mitmenschen praktisch umzusetzen.

Ich möchte an dieser Stelle betonen, dass die Mission dieser Meister nie etwas damit zu tun hatte, uns zu manipulieren oder unser Leben zu kontrollieren (wie es manche behaupten), sondern vielmehr uns zu zeigen, dass wir *alles* erreichen können, denn wir sind alle machtvolle schöpferische Wesen in einem schöpferischen Universum. Das Ausmaß an Respekt und Liebe, das unsere Vorfahren diesen Meistern entgegenbrachten, wurde von nachfolgenden Menschengenerationen jedoch leider gründlich missverstanden; über die Jahrtausende wandelte sich diese Beziehung von Respekt und Liebe zu einem Verhältnis, das eher einem fanatischen Kult oder einer unterwürfigen Anbetung der "Götter" glich.

Obwohl es uns heute kaum so erscheinen mag, gab es in den alten Kulturen Entwicklungen und Errungenschaften auf unterschiedlichen Gebieten, die selbst von unserem heutigen Standpunkt aus herausragend, wenn nicht sogar einzigartig sind. In unseren Geschichtsbüchern finden wir Berichte, nach denen ältere Zivilisationen unkultiviert, grausam und kriegerisch waren, doch das Vermächtnis, zu dem wir jetzt Zugang haben, zeichnet ein gänzlich anderes Bild von Wesen, die in jeder Hinsicht spirituell hochentwickelt und gereift waren. Ihr großer Respekt für die Schöpfung, ihre Liebe zum Leben und zur Natur spricht eine deutliche Sprache von Weisheit und Erkenntnis.

Dies unterscheidet uns, den Menschen der Gegenwart, von unseren Vorfahren; sie kämpften immer wieder darum, den Kontakt mit dem Heiligsten - ihrer Mutter Erde und dem Kosmos - nicht zu verlieren, wohingegen wir das genaue Gegenteil tun und mit unseren Gedanken und Handlungen im Begriff sind, das Wertvollste zu zerstören, was wir haben: das Geschenk des Lebens.

Die Gegenwart der universellen Meister war und ist für alle auf diesem Planeten lebenden Menschen zweifellos von großer Bedeutung. Für manche war dies jedoch schwer zu akzeptieren, vor allem für Organisationen, die gewissermaßen die Kontrolle über diese Welt und ihre Bewohner ausüben und beibehalten wollten. Manche gingen dabei sogar so weit, die Existenz dieser Wesen zu verheimlichen und - wenn es sich nicht länger verheimlichen ließ - hinsichtlich ihrer Mission Falschinformationen zu streuen.

So sind zum Beispiel alle alten "Codes" oder Überlieferungen verschiedener alter Kulturen, in denen die Gegenwart dieser Meister auf der Erde beschrieben wurde, mysteriöserweise "verschwunden". Nun, sie existieren zwar noch, werden aber von bestimmten Personen oder Organisationen unter Verschluss gehalten, um zu verheimlichen, was mittlerweile sehr offensichtlich geworden ist: die Tatsache, dass es Leben auf anderen Planeten gibt, und den liebevollen Einfluss, den diese Lebewesen auf die Menschheit durch ihre gesamte Entwicklungsgeschichte hindurch hatten.

Die noch existierenden Aufzeichnungen belegen dies, wurden jedoch von "Experten" so interpretiert, dass - obgleich ihre Gesellschaften und Zivilisationen unserer heutigen sehr ähnelten - sie doch angeblich primitiv und barbarisch gewesen seien. Damit wollten sie im Grunde aufzeigen, dass wir uns als Mensch und Gesellschaft weiter und höher entwickelt haben, doch das trifft so nicht zu.

Die Enthüllung der Wahrheit über unsere Vorfahren wird uns zweifellos zur Erkenntnis führen, dass wir einen Großteil unserer wahren Identität verloren haben. Und dies wird uns die Schönheit des Lebens neu vor Augen führen. Dies ist einer der Hauptgründe, warum diese wundervollen Meister mit verschiedenen Mitteln versuchen, uns unsere eigene Realität aufzuzeigen. Wir brauchen ihre Hilfe und Orientierung heute mehr denn je, um die Welt wiederzuentdecken, die wir in der Vergangenheit zurückgelassen haben.

Es ist von großer Bedeutung, dass wir die Mission dieser Meister wahrnehmen und anerkennen, denn sie haben bereits einen Teil der Arbeit verrichtet, die wir bis jetzt immer noch nicht vollenden konnten: nicht nur die Erde und die Natur zu schützen, sondern vor allem jedem Lebewesen Liebe zu schenken. Sie leben mitten unter uns; viele sind für uns Freunde und Weggefährten, die ihre Aufgaben erfüllen wie jeder andere Mensch auch. Doch ihre Handlungen sind ausnahmslos geprägt von der Absicht, Liebe, Nähe und Verbundenheit zum Ausdruck zu bringen. Sie sind bestrebt, uns positive Energie zu geben, die uns helfen wird, auf eine neue Ebene von Glück und Freude zu gelangen. Denn sie wissen, dass wir mit diesen Gefühlen auch unsere Familie, Freunde und Nachbarn erreichen, so dass sie auch glücklichere Leben führen können - und wir so zusammen einen Beitrag zur Heilung unserer Mutter Erde leisten.

Im Verlauf der Jahre habe ich eine ganze Reihe dieser Meister kennengelernt, und jeder von ihnen erfüllt eine andere Mission oder Aufgabe. Die meisten von ihnen bleiben von ihren Mitmenschen unbeachtet, weil ihre physische Gestalt sich doch schon etwas von unserer unterscheidet. Doch heutzutage ist unser Leben so von Hast, Hektik und Oberflächlichkeit geprägt, dass wir diese wundervollen Wesen nur selten bemerken.

Als ich begann zu verstehen, wie uns diese Wesen bisher geholfen haben, war ich wirklich überrascht, denn die Dinge oder Situationen, denen wir nur wenig Bedeutung beimessen, stellen für sie eine große Verantwortung dar. Für sie gibt es keine "unbedeutenden" Aufgaben; in ihren Augen sollten *alle* Menschen gleichermaßen Liebe und Zuwendung erfahren, denn alle Lebewesen sind Teil desselben universellen Bewusstseins.

Die verschollenen Zivilisationen

Es gibt eine ganze Reihe von Lehren und Theorien zu der Frage, seit wann der Mensch die Erde bewohnt. Bisher sind wir in Bezug auf diese Frage jedoch noch nicht zu einem endgültigen Ergebnis gelangt, denn jedes Mal, wenn es den Anschein hatte, wir wüssten es endlich, kamen neue Erkenntnisse ans Tageslicht, die alle bisherigen Schlussfolgerungen über den Haufen warfen.

Für die Meister kennt die Schöpfung keine Grenzen irgendwelcher Art; die Einzigen, die an solche Begrenzungen glauben, sind wir, die sie erschaffen haben. Deshalb ist Zeit ebenso wie Materie relativ, und wenn wir etwas erfassen wollen, das nicht in den Rahmen unseres begrenzten Weltbildes passt, ist es für uns nahezu unmöglich, die großen Mysterien zu erkunden, die uns umgeben - einfach deshalb, weil sie außerhalb der eng gesetzten Grenzen unserer "Realität" liegen.

Wir sollten jetzt endlich daran arbeiten, diese künstlichen Begrenzungen zu überwinden. Ja, unsere körperliche Hülle ist zwar sterblich, doch *wir* sind zeitlose Wesen, die in einem unendlich schöpferischen Universum leben. Es gibt noch so viel, was wir entdecken müssen, doch damit dies geschieht, müssen wir mit all unseren vorgefassten Meinungen zu dem, was wir gegenwärtig unsere "Realität" nennen, brechen.

So ist unser Planet zum Beispiel viel älter als bisher angenommen - und damit auch das Leben auf ihm. Viele Zivilisationen sind spurlos verschwunden, weshalb ihnen keine weitere

Beachtung geschenkt wurde. Unserer heutigen Gesellschaft sind zahllose andere vorausgegangen, die aufgrund der sie damals umgebenden Umstände vollkommen zerstört wurden und untergegangen sind. Die Azteken, Maya, Ägypter, Griechen usw. erwähnten in ihren Überlieferungen und Aufzeichnungen immer wieder frühere Zivilisationen, die aufgrund verschiedener Katastrophen und Kataklysmen vom Antlitz der Erde verschwanden, und deren wenige Überlebende zu einem späteren Zeitpunkt eine neue Zivilisation schufen.

Der amerikanische Kontinent war die Heimat einiger der ältesten Zivilisationen auf der Erde. Dank der Weitsicht der Menschen, die ihnen folgten und bestrebt waren, das Vermächtnis und die Weisheit ihrer Vorfahren zu bewahren, gelang es, die Spuren ihrer früheren Kulturen, die sie in der Natur hinterließen, zu "sichern".

In all diesen Kulturen finden wir übereinstimmend Aufzeichnungen, die belegen, dass es im Verlauf der Erdgeschichte vier große Zerstörungszyklen gegeben hat, die von den "Göttern" im Voraus angekündigt worden waren. Diese umwälzenden Ereignisse geschahen, als die damaligen Bewohner der Erde – die deren Schicksal bestimmten – vergaßen, dass die Grundlage für den *Ausdruck des Unendlichen* schon immer Harmonie und Einklang zwischen Mensch und Natur war. Dies brachte sie in Verbindung mit ihrer Essenz: dem Universum.

Die Zivilisationen, die unseren ältesten Kulturen vorangegangen waren, erzielten ihre großen Errungenschaften und Erfolge jedoch leider nur durch die rücksichtslose Ausübung von Macht und Kontrolle. Im Verlauf der Äonen begannen sie, ihre eigentliche Aufgabe als Menschen – individuell wie kollektiv – zu vergessen. Ihre Beziehung zu dem, was sie umgab, gestaltete sich im Verlauf der Zeit immer negativer und destruktiver; sie entfachten Kriege, griffen zu Gewalt und schufen für sich und ihre Mitmenschen Hunger, Tod und Zerstörung. Der Kontakt zu unseren Brüdern im Geiste und zur Natur brach ab, und die wahre schöpferisch-geistige Natur des Menschen geriet völlig in Vergessenheit. So versanken diese Zivilisationen aufgrund ihrer fortschreitenden Selbstzerstörung langsam im Dunkel der Geschichte.

Es gab Zeiten auf der Erde, als der Mensch seine Führungsrolle auf diesem Planeten verloren hatte und er keine Kontrolle mehr über das ausüben konnte, was er als seinen Besitz erachtete. Dies war der Zeitpunkt, als wir unsere Brüder von den Sternen erneut um Hilfe und Orientierung zur Schaffung neuer Zivilisationen baten, die ausschließlich auf dem obersten Gesetz des Universums beruhen sollten: dem Gesetz der Liebe. Wie sie es schon zuvor getan hatten, beantworteten diese Brüder und Meister unseren Hilferuf. Sie waren davon überzeugt, dass sie uns helfen mussten und auch konnten, unseren heiligen Weg zum Glück wiederzufinden.

Dies war auch der Beginn einer herausragenden Ära auf unserem Planeten, in der die Gegenwart der Meister bei der Wiedergewinnung des in Vergessenheit geratenen Wissens eine entscheidende Rolle spielte. Ihre Lehren und Einsichten veranlassten uns, uns selbst als Wesen mit großer Weisheit und Erkenntnis wiederzuentdecken und zur Weisheit des Herzens zurückzufinden. Diese Beziehung zu unseren Meistern und die so wichtige Unterstützung, die wir von ihnen erhielten - wie schon zuvor von mir erwähnt -, führte zu dem, was wir heute "die großen Zivilisationen der Menschheitsgeschichte" nennen.

Die alten Ägypter sind ein Beispiel für solche Zivilisationen, die sich in großer Verwirrung und Finsternis befanden, als ihre Bewohner von der Oberfläche der Erde verschwanden. Deshalb baten sie die Meister um Hilfe, Liebe und Orientierung; sie wussten, dass sie so im Stande wären, ihre Kultur wieder aufzubauen und die Morgendämmerung einer neuen Zivilisation einzuleiten. Viele Meister erhörten ihre Bitte, darunter auch der, der einer ihrer wichtigsten Ratgeber und Wegweiser wurde: Osiris. Dieses Wesen war ein großer Meister, der den Ägyptern bei der "Wiedergeburt" ihrer Kultur mit Rat und Tat zur Seite stand und den Grundstein für das legte, was wir heute als "das goldene Zeitalter Ägyptens" bezeichnen.

In Mittelamerika war der Meister Quetzalcoatl eine große Hilfe bei der Schaffung der verschiedenen Zivilisationen, die in der geographischen Region des heutigen Mexiko und Honduras lebten. Viele Jahrhunderte lang galt er als Führungsfigur und Quelle der Weisheit und des Lichts der dort lebenden Zivilisationen. Er war auch bekannt als Herr der Venus, Besucher aus dem Universum und gefiederte Schlange.

Seine Darstellung als gefiederte Schlange sollte einerseits das Irdisch-Weltliche des Menschen (die Schlange) und andererseits den Aufstieg des Menschen zu höheren Entwicklungsstufen (die Federn als Symbol für den Adler) und zur Erkenntnis der universellen Weisheit verkörpern. Dies war das Bild, das sich diese Zivilisationen von der Evolution des Menschen machten: ein Wesen, das vom Weg abgekommen war und sich verirrt hatte, das es jedoch schließlich schaffte, diesen Weg in seinem Herzen zu finden.

Quetzalcoatl und Osiris sind nur zwei herausragende Beispiele für eine große Anzahl anderer Meister, die früheren Kulturen in ähnlicher Weise behilflich waren, und bei nahezu allen finden wir in den geschichtlichen Aufzeichnungen Hinweise auf ihre Herkunft "von den Sternen".

In diesen Aufzeichnungen, aber auch in Inschriften an bedeutenden Monumenten finden wir eine Reflexion der Arbeit, Hingabe und Liebe dieser großen Wesen. Doch ihre Anwesenheit auf diesem Planeten wurde meistens mythisch verklärt, und Anthropologen berufen sich auf diese “Mythifizierung”, wenn sie die klaren und eindeutigen Belege für die Gegenwart “dieser Wesen von den Sternen” als Aberglaube oder Mythos zurückweisen. Dies ist bedauerlich, denn so entglitt uns langsam die Wahrheit über diese Wesen und unsere Beziehung zu unseren Sternenbrüdern.

Vielleicht scheuen wir aufgrund der negativen Deutung dieses “Phänomens” davor zurück, diese großen “Götter” (Meister) als außerirdische Wesen zu bezeichnen.

Deshalb ist es äußerst wichtig, dass wir uns für das große Vermächtnis der Vergangenheit öffnen, das uns diese Meister hinterlassen haben, statt uns dem zu unterwerfen, was uns unsere heutige “zivilisierte Gesellschaft” als Fakten und Tatsachen weismachen will. Wir alle, die wir Kinder dieser Erde sind, können die Antworten und Vermächtnisse aus Vergangenheit und Gegenwart finden und entschlüsseln. Doch zunächst brauchen wir dazu genug Liebe, um die Weisheit des Herzens zu entwickeln, die für so lange Zeit unter der Oberfläche schlummerte.

Die Gegenwart der Meister ist und war seit undenklichen Zeiten eine unbestreitbare Tatsache.

Das Universum und seine Bewohner

Die Mission der Meister auf diesem Planeten ist viel bedeutsamer und faszinierender als irgendjemand sich vorstellen könnte. Viel wurde spekuliert, was ihre Gegenwart auf der Erde betrifft; man misstraute ihren Absichten oder verglich ihre Motive mit der Sorte von Menschen, die das Universum "erobern" wollen. Umso wichtiger ist es, dass wir, die Bewohner dieses Planeten, uns bewusst werden, dass wir Dinge wie Liebe, Mitgefühl, Demut, Gleichheit und viele andere Gefühle und Einstellungen fast vollständig aus den Augen verloren haben.

Unsere Beweggründe dafür, zum Mond, zum Mars oder irgendeinem anderen Planeten in diesem Sonnensystem zu fliegen, beruhen fast ausschließlich darauf, dass uns die Gesellschaft, in der wir leben, von klein auf "beigebracht" hat, Macht, Kontrolle und Herrschaft über andere auszuüben.

Sich die materiellen Ressourcen von anderen Planeten anzueignen, den eigenen Herrschaftsbereich auszuweiten und so Macht an sich zu reißen, sind einige der Hauptmotive hinter unserer Absicht, Raumfahrt zu betreiben. Diese Ziele verfolgen wir jedoch nur, weil sie das Ergebnis unserer anerzogenen Lebensweise sind. Für Wesen von anderen Planeten, die das Gesetz der Liebe als Lebensgrundlage und Lebenszweck für sich angenommen haben, wäre die Vorstellung hierherzukommen, um Macht zu ergreifen, Gebiete zu erobern oder Menschen für Experimente zu missbrauchen, vollkommen absurd.

Der Mensch neigt aufgrund der Erfahrungen, die frühere Generationen an ihn weitervererbt haben, zu Misstrauen und Argwohn. Wir glauben fast immer, dass andere uns irgendwie schaden wollen. Seit unserer Kindheit wurde uns beigebracht, "auf der Hut" zu sein. Als wir geboren wurden, lernten wir, außer unseren Eltern keinem anderen Menschen zu vertrauen. Dieses schon bei der Geburt einsetzende grundlegende Misstrauen verstärkt sich dann noch im Laufe des Lebens. Wir leben deshalb mit der ständigen unterschwelligen Angst, betrogen zu werden. Dies zwingt uns dazu, einen emotionalen Schutzpanzer anzulegen, um uns selbst vor der "Aggression" anderer Menschen zu schützen.

Hieraus können wir eine interessante Lehre ziehen: Wenn wir als Menschen unseren Mitmenschen, also unseresgleichen, misstrauen, wie würden wir dann erst auf Wesen reagieren, die von anderen Planeten hierherkommen? Vielleicht liegt darin einer der Gründe, weshalb wir die Existenz außerirdischer Wesen abstreiten.

Doch selbst diejenigen, die an ihre Existenz glauben, stehen ihren Motiven misstrauisch gegenüber und glauben oft, dass diese Wesen grausam-kalte Geschöpfe seien, die nur die Erde besuchen, um mit uns Experimente durchzuführen und uns unserer Ressourcen zu berauben.

Es ist für uns an der Zeit, ehrlich zu sein. Ehrlich mit uns selbst, mit anderen und in Bezug auf das, was um uns herum geschieht. Viel zu lange schon sind wir im Zustand der Verwirrung und Verleugnung blind durchs Leben gelaufen. Die Natur dieser Wesen aus den Weiten des Universums unterscheidet sich vollkommen von der menschlichen Natur; wir sind orientierungslos und wissen im Grunde gar nicht, was wirkliche Liebe ist und wie sie sich äußert. Die Bedeutung des Wortes "Liebe" ist durch die menschliche Sprache stark begrenzt - und natürlich auch durch die Vorstellungen und Handlungen einer jeden Person.

Eine der Grundängste des Menschen ist, dass Wesen von anderen Planeten "negativ" sind oder üble Absichten verfolgen. Es scheint jedoch so, als ob wir vergessen hätten, dass die Entwicklung der Menschheit eine Entwicklung auf allen Ebenen des Lebens ist: wissenschaftlich, philosophisch, spirituell usw. Wir Menschen sind scheinbar im Aufstieg begriffen - zumindest auf der wissenschaftlichen Ebene. Wir sind stolz auf unsere Fortschritte auf dem Gebiet der Wissenschaft, doch in Wahrheit und im Vergleich mit der Technologie außerirdischer Zivilisationen sind unsere Projekte wie etwa die Raumfahrt "ganz kleine Fische".

Der Mensch ist zum Mond geflogen, hat den Mars als nächstes Ziel anvisiert und blickt bereits auf verschiedene Raumfahrtmissionen zurück. Doch die wissenschaftlichen Probleme scheinen mit fortschreitender Zeit immer größer zu werden. Wir sind jetzt an einem Punkt, an dem sich unsere geplanten Projekte nicht realisieren lassen können - zumindest nicht so, wie es uns vorschwebt. Unsere Bemühungen, Aufbau und Zusammensetzung anderer Planeten zu erforschen, waren vergebens; wir haben nicht die gewünschten Ergebnisse erzielt und drehen uns nun im Kreis.

An diesem Punkt stellen sich viele Fragen wie etwa: Warum ist es uns nicht möglich, weitere Fortschritte in der Raumfahrt zu machen, um zu anderen Planeten zu reisen, so wie wir andere Länder bereisen? Werden wir Menschen eines Tages tatsächlich im Stande sein, zu anderen Planeten in diesem Sonnensystem zu gelangen? Und: Sind wir überhaupt darauf vorbereitet, was uns dort erwartet?

Dank der Lehren der Meister verstehe ich nun, dass wir Menschen noch nicht so weit sind, in die Tiefen des Weltraums vorzustoßen. Zwar können wir den Raum, der die Erde unmittelbar umgibt, und die nächstgelegenen Himmelskörper erforschen, doch wenn unsere Technologie auf dem heutigen Stand verharrt, wird der Traum von einer Reise zu anderen Planeten im Sonnensystem oder gar außerhalb davon tatsächlich ein Traum bleiben.

Die Wahrheit ist, dass die wissenschaftliche Gemeinschaft alles Spirituelle und Immaterielle aus ihrem Weltbild ausgeschlossen hat. Selbst ihre Ansichten zu dem, was Materie darstellt, sind aufgrund ihres "Glaubenssystems" so beschränkt, dass sie das in der Materie tatsächlich steckende Potenzial bis heute nicht erkannt hat. Eine wichtige Erkenntnis, zu der Wissenschaftler offensichtlich noch nicht gelangt sind, ist: Je mehr ein Wesen im Stande ist, über sich selbst in Erfahrung zu bringen, je mehr es über sein Umfeld weiß, desto leichter wird es ihm fallen, die dunkelsten und unergründlichsten Aspekte von Geist und Bewusstsein zu erschließen. An die Stelle rein rationalen Vernunftdenkens tritt dann ein ganzheitliches "Herzdenken", das auch das Immaterielle und Spirituelle mit einbezieht. Und erst mit diesem erweiterten Bewusstsein werden wir die technologischen Sprünge und Fortschritte machen, zu denen wir bisher nicht im Stande waren.

Der Grund, weshalb wir Menschen es immer noch nicht fertiggebracht haben, das Universum und seine Planeten zu bereisen, hat mit den im Universum geltenden Naturgesetzen zu tun, vor allem aber mit dem Gesetz der Liebe. Was dies betrifft, sind wir leider noch ziemlich rückständig. Solange unsere Absichten - sowohl hier auf der Erde als auch in den Tiefen des Universums - nicht auf Respekt, Harmonie und natürlich Liebe gründen, wird es uns nahezu unmöglich sein, zu anderen Planeten zu reisen, denn die universellen Gesetze werden dies verhindern.

Wir sollten uns daran erinnern, dass diese Gesetze nicht nur für uns hier auf der Erde gelten, sondern auch "dort draußen". Zudem hat das Universum auch seine eigenen Gesetze, die sich allerdings von unseren irdischen Gesetzen deutlich unterscheiden, denn sie beruhen allein auf Liebe.

Diese Gesetze der Liebe und des Respekts gelten offensichtlich für alle Formen universellen Lebens; deshalb ist es völlig unmöglich, dass "negative" Wesen von anderen Planeten zu unserem kommen können, um uns Schaden zuzufügen oder Experimente mit uns anzustellen. So wie diese Gesetze für uns gelten, gelten sie auch für Wesen aus anderen Regionen des Universums. Sie werden ebenso wenig wie wir die Raum-Zeit-Barriere überwinden können, wenn ihre Handlungen sich nicht an Liebe, Respekt und Mitgefühl orientieren. Nach diesem Gesetz sollte jedes Wesen, das es schafft, aus den Weiten des Universums zu uns zu gelangen, ein spirituell gereiftes Wesen voller Weisheit sein, das Liebe und Respekt gegenüber allen Lebensformen zur Grundlage seines Denkens und Handelns macht.

Ich weiß, dass es vielleicht schwer zu glauben ist, was ich hier schreibe, denn offensichtlich existieren ja so viele Berichte über Menschen, die angeblich von Außerirdischen entführt und missbraucht wurden.

All diese Informationen haben dazu geführt, dass wir uns noch weiter von der universellen Wahrheit entfernt haben und noch mehr Misstrauen als zuvor hegen. Doch vielleicht haben es bestimmte Menschen in hohen Machtpositionen ja genau darauf angelegt: uns Furcht einzuflößen und somit daran zu hindern, die wundervolle Wahrheit hinter dem Schleier aus Angst zu erkennen. Denn würden wir diesen Schleier zerreißen, wäre diese Wahrheit für uns sichtbar; dies würde uns die notwendige Kraft geben, das zu entdecken, was jahrtausendelang vor uns verborgen und als "Mythologie" und "Fantasie" abgetan wurde.

Das ist der Grund, warum es Zeit für uns wird, uns mehr zu öffnen - nicht nur auf der Verstandesebene, sondern auch auf der Gefühls-, Herz- und Geistesebene. So werden wir im Stande sein, etwas zu verbinden und zu benutzen, das von Anfang an nie hätte getrennt sein sollen: Verstand und Gefühl, Geist und Herz, die sich schon seit so langer Zeit im Wettstreit befinden.

Es gibt auf der Welt kein größeres Übel als das, was durch herz- und liebloses, egozentrisches Handeln ohne Mitgefühl und Rücksicht auf den Mitmenschen entsteht. Wir müssen lernen, uns selbst vor diesen, man könnte sagen, "unsichtbaren" Feinden zu schützen, die wir meistens dann heraufbeschwören, wenn unsere Handlungen von Gefühlen wie Zorn, Hass und Groll diktiert werden. Wir sollten uns die einmalige Gelegenheit nicht entgehen lassen, die Verbindung zu den Meistern zu vertiefen und somit eine ganz neue Realität kennenzulernen. Nun ist es an der Zeit, dass wir uns bemühen, zu diesem natürlichen Urzustand der kosmischen Verbundenheit zurückzufinden. Tatsächlich ist er unser ursprünglicher, unverfälschter Grundzustand und der Schlüssel zu Glück und Freude, nach denen wir schon seit nahezu ewigen Zeiten auf der Suche sind.

Die Antworten auf all unsere Fragen finden wir im Herzen, der Quelle aller Weisheit.

Kapitel 3

Die Meister und ihre Anekdoten der Liebe

Seit dem ersten Tag meiner Beziehung zu Nintancito und den anderen Meistern konnte ich sofort die von ihnen ausgehende allumfassende Liebe spüren. Ich erinnere mich an viele Anekdoten und Gespräche, die mich tief berührten und mir zu verstehen gaben, wie weit wir Menschen noch davon entfernt sind, in Fülle und echter Harmonie zu leben. Mir wurde klar, mit wie wenig Liebe und Respekt wir uns selbst und anderen begegnen.

Als ich vor einigen Jahren Paris besuchte, machte ich mit Nintancito und drei anderen Meistern aus dem Himalaja einen Spaziergang durch die Stadt. Wir gingen zu einem Ort, an dem wir Menschen aus vielen Nationen trafen; sie waren dort zusammengekommen, um die hohe Energie zu spüren, die sich an diesem Ort über lange Zeit angesammelt hatte. Unsere Absicht beim Besuch dieses Ortes war herauszufinden, wie die Energien an bestimmten Orten (vor allem sehr historischen) die Menschen, die sie aufsuchen, beeinflussen.

Dann sahen wir, wie einer der Besucher, der die Schönheit des Ortes bewunderte, ein kleines Stück Papier zu Boden warf. Einer der Lama-Meister reagierte schnell, hob den "Abfall" mit unglaublicher Ehrerbietung und Zuneigung auf und hielt ihn andächtig in seiner Hand. Mit sanfter Stimme sprach er zu dem Stück Papier: "Ich danke dir von ganzem Herzen für den Dienst, den du geleistet hast; du warst und bist etwas sehr Wichtiges für jeden von uns, und wir danken dir für das Gute, das du uns gegeben hast. Dies sind eigentlich die Worte des Menschen, der dich weggeworfen und vergessen hat, wie wichtig dein Dienst war, doch in seinem Innern, in seinem Herzen, ist die Dankbarkeit dafür sehr wohl vorhanden." Dann ging er zu einem Papierkorb, in den er das Stück Papier achtsam hineinwarf - jedoch nicht, ohne ihm noch einmal für seine Dienste zu danken.

Irgendwie hat mich dies stark beeindruckt. Es ist schwierig in Worten auszudrücken, doch was der Meister tat, erfüllte mich gleichzeitig mit großer Freude und großer Trauer. Die Liebe und der Respekt, den er diesem kleinen Stück Papier erwies, zeigte mir, dass wir nicht nur den Dingen Liebe und Respekt entgegenbringen sollten, bei denen uns "beigebracht" wurde, dies zu tun, sondern allen Dingen auf der Erde.

Von den Meistern habe ich gelernt, dass das Leben *alles* ist, denn *alles* ist Energie, und Energie ist Leben - in verschiedenen Formen und Ausprägungen, aber eben immer Leben. Es scheint, als ob wir dies vergessen hätten, und doch ist es von herausragender Bedeutung für eine harmonische Beziehung zu uns selbst und damit auch zur Erde.

Als ich die Gelegenheit hatte, fragte ich den Meister, weshalb er mit dem Abfall so umgegangen war, denn ich war wirklich überrascht über seine Reaktion. Mit einem breiten Lächeln und liebevollen Glänzen in seinen Augen war er im Begriff, mir zu antworten, doch bevor er auch nur ein Wort sagte, stiegen mir schon die Tränen in die Augen.

Er sagte: "Hab' keine Angst davor zu entdecken, dass du viele Gelegenheiten, Liebe zu schenken, nicht wahrgenommen hast. Lass die Tränen fließen, denn sie wollen dir nur zu verstehen geben, wie groß unendliche Liebe sein kann - und wie groß die Trauer, wenn du versuchst, der Liebe Grenzen zu setzen. Hör auf dein Herz, denn es bittet dich, der Liebe nie irgendwelche Grenzen zu setzen, weil sie, wie das Universum, unendlich und grenzenlos ist - wie alle Schöpfungen und Manifestationen, die aus ihm hervorgehen. Alles, was dich umgibt, ist genauso lebendig wie du. Und genau wie du braucht es die Liebe und Zuwendung eines jeden Wesens auf dieser wundervollen Erde. Hab keine Angst davor, dies für dich zu erkennen; öffne dich stattdessen umso mehr, lass die Liebe frei aus deinem Herzen fließen und schenke sie *allem*, ohne sie auf bestimmte Formen oder Manifestationen zu beschränken. Je mehr du dies beherzigst und tust, desto häufiger wirst du die Wunder erblicken, die du bis zum heutigen Tag nicht sehen konntest und die nur darauf warten, dass ihr, die Kinder von Mutter Erde, sie ergründet."

Seine Worte, vor allem aber die Einstellung hinter ihnen, zeigten mir das ungeheure Ausmaß an Liebe, das er allen Dingen - unabhängig von ihrer Form oder Größe - entgegenbrachte. Es war gar nicht so einfach zu erkennen, wie viel Liebe und Respekt die Meister *allem* entgegenbrachten und weshalb wir Menschen uns so enorm schwertun, zu einem Mitglied unserer Familie, einem Freund oder einem Nachbarn einfach zu sagen: "Ich liebe dich."

Es ist von großer Bedeutung und eigentlich unabdingbar, jedem Wesen, jedem Ding Liebe und Zuneigung zu schenken, und doch scheint es, als ob wir dies immer wieder vergessen oder einfach nicht in Betracht ziehen. Der Lama-Meister mit seiner liebevollen Haltung allen Dingen gegenüber lehrte mich die herausragende Wichtigkeit der Liebe und ihrer verschiedenen Ausprägungen, als er sagte: "Unser Universum, der *Ausdruck des Unendlichen*, ist die Manifestation der über alles erhabenen Energie der Liebe; diese wundervolle Essenz findet sich im Herzen, dem Zentrum der Kraft und des Lichts eines jeden Menschen. Ihre Schwingungen sind in jedem Wesen so lebendig und intensiv, dass es uns eigentlich ein Bedürfnis sein sollte, Liebe gegenüber *allem* – 'Lebendigem' wie 'Nichtlebendigem' – zum Ausdruck zu bringen und somit etwas von dem abzugeben, das wir erhalten."

"Jedes Ding, jedes Wesen", fuhr er fort, "so klein oder unbedeutend es auch scheinen mag, besteht aus derselben Essenz wie du, ich und jedes andere Wesen auf diesem Planeten. Es fühlt genau wie du, es schwingt auf dieselbe Weise; deshalb kann es Freude und Leid genauso spüren wie jeder Mensch. Es gibt eine den meisten Menschen unbekannte Sprache, mit der diese Dinge sich mitteilen und mit der sie die Bewunderung und Liebe zum Ausdruck bringen, die sie für euch Menschen, ihre großen Brüder, empfinden. Und für sie seid ihr ein leuchtendes Beispiel für jede Manifestation auf der Erde: Tiere, Pflanzen, Mineralien und alles andere, was existiert. Hab' keine Angst davor, alles ohne Beschränkungen zu lieben; wenn unser Universum grenzenlos ist, ist es auch unsere Fähigkeit zu lieben. Und mit dieser Liebe erfüllst du die wichtigste Mission: glücklich zu sein."

Erneut hinterließen die Worte des Meisters bei mir großen Eindruck. Ich musste mir Zeit nehmen, ihre Bedeutung voll zu erfassen, und ich musste mir auch meine große Furcht vor der Liebe eingestehen. Und ich hoffe, dass die Worte des Meisters auf jede Person, die dieses Buch liest, dieselbe Wirkung haben.

Die Liebe, die diese Meister für uns empfinden, ist so stark, dass es äußerst schwer ist, etwas so Erhabenes und Wundervolles in Worte zu fassen. Meine Hoffnung ist jedoch, dass wir durch diese Anekdoten der Liebe im Stande sind, ihre Mission und ihre Hingabe für das Wohlergehen aller Kinder von Mutter Erde auf einer tieferen Ebene zu begreifen.

Ausgegrenzt und einsam

Ein weiteres Erlebnis, das mir die Augen für die allumfassende Liebe und Weisheit dieser Meister öffnete, ereignete sich in einer anderen europäischen Stadt während eines kalten Winters. Ich lief mit meinem Ehemann und einigen uns begleitenden Meistern an einer großen Kirche vorbei, als ich plötzlich ein starkes Unbehagen spürte. In einiger Entfernung sah ich eine ältere Frau, die neben einem Marktstand auf dem Bürgersteig saß. Zu ihrer Seite saß einer der Meister, der ihre Hände in seine genommen hatte und sie küsste. Ich wollte mich den beiden nähern, um zu hören, was er ihr zu sagen hatte, und bat die neben mir stehenden Meister um Erlaubnis - die ich sofort von ihnen erhielt.

Ich konnte hören, dass die alte Frau todkrank war, und ihrem Aussehen nach war sie obdachlos. Mit unvergleichlicher Anmut und Zartheit flüsterte der Meister ihr ins Ohr, dass sie wunderschön sei, innerlich wie äußerlich, und dass sie mit ihrer Gegenwart eine große Hilfe für die Stadt und den Planeten gewesen sei. Seine liebevollen Worte gaben ihr zu verstehen, dass ihr Leben nicht sinnlos gewesen war.

Ich erinnere mich noch an ihre Worte: "Wer bist du? Ich kenne dich zwar nicht, aber irgendwie habe ich das Gefühl, dass du schon immer hier warst, auch wenn es mir bisher nicht möglich war, dich zu treffen. Warum würdest du, ein so sauberer und attraktiver Mann, einer so schmutzigen und hässlichen Frau wie mir helfen wollen? Bist du vielleicht blind, oder hast du vor, mir etwas wegzunehmen, wenn ich sterbe? Aber das glaube ich nicht; du hast das Gesicht eines Engels, und deine Augen lassen mich alle Ängste und Schmerzen vergessen ..."

Der Meister antwortete: "Wer ich bin, ist nicht von Bedeutung. Ich sitze hier neben dir, und das ist alles, was zählt, denn du hast dich geöffnet, um hier und jetzt mit mir zusammen zu sein. Deshalb bin ich sehr glücklich, und auch du solltest das sein, denn du bist eine wundervolle Frau und hast der Erde so viel gegeben. Nein, ich bin nicht blind, und alles, was ich dir sage, ist die Wahrheit, denn es ist das, was ich in dir sehe. Ich würde dir nie etwas wegnehmen - obwohl, wenn ich so darüber nachdenke, ich dir deine Schmerzen schon gern nähme, wenn ich könnte. Aber ich danke dir dafür, dass du von mir sagst, ich hätte das Gesicht eines Engels, denn ich weiß, was das für dich bedeutet."

"Es freut mich zu hören, dass du deine Ängste und Schmerzen in meiner Gegenwart nicht mehr spürst", fuhr er fort, "doch ich bin nicht der Grund dafür; du bist es, denn du sagst mir diese Worte aus einem reinen Herzen voller Licht und Leichtigkeit. Und deshalb fließt dieses reine Licht auf dich selbst zurück und erfüllt dich mit Frieden und Wohlgefühl, das dir den Schmerz nimmt. Denke daran: Du wirst ewig leben, und für alles, was dir bisher im Leben widerfahren ist, gibt es einen Grund. Dein bloßes Dasein hat andere Menschen zu jeder Zeit Weisheit und Liebe gelehrt."

Dann sagte er: "Jedes Wesen ist mit einer großen Aufgabe in dieses Universum gekommen: Liebe zu geben und Glück zu erfahren. Mit jedem leisen Lächeln, mit jedem deiner Wünsche, dass deine Umgebung Hoffnung und Frieden erfahren möge, erfüllst du einen Teil dieser Aufgabe, Liebe zu geben und zu erhalten. Du hast es in der Vergangenheit getan; du tust es in diesem Augenblick, und du wirst es für alle Zeit tun, denn

Liebe ist die Essenz dessen, was du bist. Es spielt keine Rolle, wo du dich dabei aufhältst oder wie du es angehst, denn für die Liebe stellen Zeit und Raum keine Grenzen dar. Die Liebe ist eine unendlich zur Verfügung stehende Energie, die wir alle im Herzen tragen."

Sichtlich bewegt antwortete die Frau: "Warum erzählst du mir dies, wo doch mein ganzes Leben aus Schmerz und Verbitterung bestand? Ich hatte noch nie daran gedacht, das zu tun, was du mir jetzt gesagt hast. Ich fühlte mich so verletzt durch die Ablehnung der Menschen, die Tag für Tag an mir vorbeigegangen sind, sodass ich zum Schluss dachte, ich sollte eigentlich gar nicht leben, weil mein Leben keinen Sinn hatte. So war es jedenfalls bisher. Doch was du mir erzählt hast, ist so wunderschön; niemand hat mir je zuvor so etwas gesagt. Du hast mir das Gefühl gegeben, dass mein Leben doch einen Sinn, ein Ziel hat - auch wenn mir noch nicht klar ist, was es sein könnte. Doch dieses Gefühl in meiner Brust sagt mir, dass du mir die Wahrheit erzählst. Du hast mich sehr glücklich gemacht, denn jetzt weiß und fühle ich, dass ich etwas von mir hinterlasse, wenn mein Leben hier und jetzt endet. Ich weiß nicht, ob das, was ich hinterlasse, gut oder schlecht ist, doch es ist etwas, das ich aus meinem Innersten geben wollte, selbst wenn ich es nicht für möglich hielt. Wer immer du bist - danke dafür, dass du mir diese letzten Augenblicke des Glücks geschenkt hast. Ich weiß, dass du von 'ganz oben' geschickt wurdest, sodass ich der Welt Lebewohl sagen und dankbar für das Leben sein kann, welches mir geschenkt wurde."

Dann sagte sie: "Nun, da ich weiß, dass es Menschen mit so viel Liebe gibt wie dich, weiß ich auch, dass ich mich eigentlich nicht in meiner eigenen Welt einsperren und den Kontakt mit den schönen Dingen um mich herum verlieren wollte. Doch mein ganzes Leben hatte allein schon dadurch einen

Sinn, dass du dich hier an meine Seite gesetzt und mir deine Liebe geschenkt hast. Damit hast du mir gezeigt, dass das Leben voll von Glück sein sollte und dass man die eigene Schönheit entdecken und anerkennen sollte - einfach nur weil ich lebe und fühle. Nochmals danke dafür, und sei dir sicher: Wohin auch immer ich nach meinem Tod gehe, ich werde dich immer in Erinnerung behalten, mein Engel ..."

In diesem Moment endete das Gespräch, denn der Krankenwagen, der für die alte Frau gerufen worden war, war eingetroffen. Die Sanitäter legten sie auf eine Trage, und der Meister blieb bei ihr, bis der Krankenwagen davonfuhr. In seinen Augen konnte ich tiefe Trauer, aber auch große Freude sehen, denn er wusste, dass er ihr durch seine Liebe die Augen für ihre eigene Schönheit geöffnet hatte. Und er wusste, dass er ihrem Leben kurz vor ihrem Tode doch noch einen Sinn gegeben hatte.

Am nächsten Tag sprach ich mit diesem Meister, den ich "Blue" nenne (dies ist nicht sein Name, sondern die Farbe seiner Energie), und ich fragte ihn nach dieser alten Frau.

"Sie verließ diese Welt mit einer Menge Freude und einem kleinen bisschen Trauer", antwortete er, "aber das hat ihr geholfen, auf ihrer großen Reise den weiteren Weg zu finden ..."

Er schaute zum Himmel, und in seinen Augen sah ich einerseits eine gewisse Sehnsucht und andererseits verhaltene Freude. Ich fragte ihn, was wir Menschen tun könnten, um uns und anderen Menschen so viel Liebe und Warmherzigkeit zu schenken wie die Meister, und das ohne Vorbehalte. Mit einem herzlichen Lächeln antwortete er: "Jeder von euch, jedes Kind dieser Erde, besitzt in seinem Herzen unendliche Liebe, doch meistens versteckt ihr diese vor euch und anderen, weil es vielleicht mit Schwäche verwechselt werden könnte - oder einfach aus Angst vor Ablehnung. Es ist sehr wichtig, dass jedes Wesen diesen wundervollen Teil seiner selbst entdeckt, von dem ihm über Generationen hinweg 'beigebracht' wurde, ihn zu verbergen und zu ignorieren. Ihr wurdet dazu gebracht, diese Fähigkeit zur grenzenlosen Liebe zu verleugnen - eine grenzenlose Liebe, die in euren Herzen wohnt und euch Weisheit schenkt."

Er fuhr fort: "Die schöne alte Frau lebte den größten Teil ihres Lebens in Schmerz und Leid und wusste nichts über die Liebe, die in ihrem Innersten wohnt. Sie verachtete sich selbst dafür, nicht geliebt zu werden - zumindest nicht in der Art und Weise, wie sie es sich vorstellte. Sie fühlte sich verletzt und von anderen zurückgewiesen. Doch die Stimme ihres inneren Wesens, die sie vorher nie vernommen hatte, erzählte ihr über den 'Vertrag', den sie mit sich selbst, anderen Menschen und mit dieser Erde eingegangen war. Das brachte sie unterbewusst dazu, anderen zu helfen und das zu geben, was sie für sich selbst begehrte."

"Eines Tages", fügte Blue hinzu, "stand sie stundenlang im Regen und in der Kälte in einer Schlange vor einer Tafel für Obdachlose. Als sie schließlich etwas zu essen erhalten hatte, wollte sie damit wieder zurück zu ihrem Unterschlupf gehen, um ungestört essen zu können. Unterwegs sah sie jedoch eine blinde Frau, die so wie sie auf der Straße von Almosen lebte. Sie hockte im kalten Regen, und als die alte Frau vorbeikam und sie da so sitzen sah, fragte sie sie: 'Warum sitzt du hier draußen im Regen? Komm, da drüben ist ein Dach, das dich vor dem Regen schützen kann. Ich führe dich dort hinüber.' Als sie gemeinsam zum Dach hinübergingen, fragte die blinde alte Frau sie: 'Bist du eine von diesen Personen, die armen Menschen hilft und sie speist? Ist das der Grund, warum ich riechen kann, dass du etwas zu essen bei dir hast? Ist es für mich?' Die schöne alte Frau überwand für einen Moment ihre Verbitterung und gab ihr alles, was sie ursprünglich für sich von der Tafel mitgenommen hatte. In dem Augenblick, als sie das tat, spürte sie ein Gefühl tiefen Friedens und Glücks, doch diese Gefühle waren irgendwie zu viel für sie; sie bereute, aus einem Moment der Schwäche heraus der Frau alle Speisen gegeben zu haben, und beschloss zu vergessen, was geschehen war.

Sie hatte jedoch nie vergessen, dass sie der blinden Frau an jenem Tag geholfen hatte, der Kälte zu entfliehen und den Hunger zu stillen, und jedes Mal, wenn Trauer sie überkam, erinnerte sie sich sofort an diesen verregneten Nachmittag, als sie sich schwach aber glücklich fühlte, dieser Frau geholfen zu haben. Dies blieb ihr bis zum Ende ihres Lebens im Gedächtnis haften und gab ihr ein Gefühl von Zufriedenheit. Sie traf sich weiter mit dieser blinden Frau, die sie gestern 'Engelsgesicht' nannte ..."

Als der Meister dies sagte, spürte ich, wie mir ein Schauer über den Rücken lief und ich einen Frosch im Hals bekam. Ich fragte ihn: "Bedeutet dies, dass *du* diese blinde Frau warst? Ich meine, hast du dich als alte blinde Frau verkleidet, um ihr ihre eigene Herzensgüte zu beweisen?"

Mit einem breiten Lächeln antwortete er: "Ja, die alte blinde Frau war ich, aber ich hatte mich nicht verkleidet; vielmehr sah sie mich so. Sie befand sich in dem Moment in einer sehr schwierigen Lage, in einer kritischen Phase ihres Lebens, in der sie noch mehr Leid erfahren hätte, wenn sie nicht im Stande gewesen wäre, sich ihres wahren Wesens, ihrer Herzensgüte, ihrer Weisheit und ihrer Fähigkeit, Liebe zu geben, bewusst zu werden. All dies brauchte sie, um ihrem Leben einen Sinn zu geben und sich selbst zu beweisen, dass sie immer noch im Stande war, Mitgefühl und Liebe für andere zu spüren. Sie bat mich um Hilfe, und ich gab sie ihr auf diesem Wege. Und sie hatte mir sehr viel Liebe geschenkt. Als sie mich unter das schützende Dach brachte und von ihren

Speisen essen ließ, spürte sie zum ersten Mal, dass auch sie anderen Menschen Liebe und Hilfe geben kann, und mit diesem Gefühl hatte ihr Leben auf der Erde bis zu ihrem Tod einen Sinn ..."

Ich war sprachlos und dachte über seine Worte nach. Es war eine außergewöhnliche Lektion, die ich erst einmal auf mich wirken lassen musste. Noch heute fühle ich mich im Herzen tief berührt, wenn ich über diese kleine Episode und unser Gespräch darüber nachdenke. Und jedes Mal, wenn ich mich daran erinnere, weiß ich, dass es immer wieder neue Lektionen gibt, die gelernt und verinnerlicht werden wollen.

Die Meister bringen ihre Liebe für jedes Lebewesen auf diesem Planeten auf vielerlei Weise zum Ausdruck. Dies sind beispielhafte Lektionen für jeden von uns, und die tieferen Lehren hinter jedem Akt der Liebe geben uns eine klare Vorstellung von der spirituellen Reife dieser wundervollen Wesen. Für sie ist Entwicklung gleichbedeutend mit Glück und Liebe. Ihnen geht es nicht um sich selbst als Person, sondern um diese Akte der Liebe, mit der sie ihre wahre, wundervolle Mission erfüllen.

Viele Menschen fragen immer wieder: Wenn es Engel oder Wesen von anderen Planeten gibt, warum zeigen sie sich nicht jedem Menschen? Nun, darauf gibt es mehrere Antworten und eine ganze Reihe von Theorien. Die Tatsache, dass diese Wesen meistens "nichtmanifest" sind, lässt allerdings viele Menschen zu der irrigen Annahme kommen, dass diese Wesen nicht existieren. Wir erkennen nicht, dass sie schon immer hier waren und dass wir es sind, die aufgrund ihrer Verschlossenheit und Ignoranz keinen Kontakt und keine Beziehung zu diesen Wesen herstellen können. Echte Kommunikation zwischen zwei Wesen hat nichts damit zu tun, sich gegenüberzustehen und Worte auszutauschen, sondern auf einer neuen höheren Bewusstseinsebene – die wir noch nicht voll erfassen können – eine neue Realität zu schaffen. Und dies beginnt im Bewusstsein eines jeden Einzelnen.

Im Verlauf der Zeit waren unsere Handlungen immer weniger von Bewusstsein geprägt; stattdessen agieren wir zunehmend mechanisch, teilnahmslos und mit einer sehr begrenzten Sicht auf die Dinge des Lebens. Dazu kommt, dass wir unserem Herzen immer weniger Beachtung geschenkt und seine eigentliche Funktion dem Gehirn überlassen haben (das diese Funktion nicht erfüllen kann). Das Ergebnis davon ist, dass wir durch unsere kopflastige Lebensweise nur noch einen Bruchteil unseres ursprünglichen vollen Potenzials nutzen.

Die Meister versuchen, auf unterschiedliche Weise an uns heranzutreten. Sie nähern sich uns mit dem Feingefühl, das erforderlich ist, um eine bewusste Verbindung von Herz zu Herz herzustellen. Für sie ist die Sprache des Herzens die einzige, die im Universum existiert. Ohne diesen Austausch auf der Herzebene wäre es uns unmöglich, diese Meister auch nur ansatzweise zu verstehen. Deshalb bitten sie uns, zu unserem wahren Selbst, zu unserer Quelle, unserer göttlichen Essenz, zurückzukehren, die für uns völlig in Vergessenheit geraten ist. Wenn wir dies tun, entdecken wir endlich wieder die faszinierende Wahrheit über uns selbst.

Die Söhne des Vulkans

Eine weitere Lektion in Liebe und Weisheit lernte ich in Mexiko. Wir befanden uns in Cholula, einer Kleinstadt in der Nähe des Vulkans Popocatépetl, denn zu jener Zeit war er aktiv, und die Energie um ihn herum war sehr stark. Die Meister blieben in der Nähe des Vulkans, um mit Hilfe elektromagnetischer Mittel einen Ausgleich zu schaffen und eine Eruption zu verhindern, die den gesamten Planeten in Mitleidenschaft gezogen hätte.

Sie sagten mir, ich solle mich dem Vulkan nur bis auf eine bestimmte Entfernung nähern, da die Energien für den menschlichen Körper zu stark wären. Für die Meister stellte dies aufgrund ihres Wissens und der Fähigkeit im Umgang mit solchen Energien kein Problem dar. Der Zweck ihres Unterfangens war zu lernen, wie man mit diesen ungeheuren Energien, die dort freigesetzt wurden, und ihren Auswirkungen auf die Wesen auf diesem Planeten umgeht.

Dies hieß für mich, in der Nähe der Meister zu bleiben, deren Wohnstätte sich übrigens schon seit Jahrhunderten *in* diesem Vulkan befand. Sie lebten dort, um Schwingungen zu erzeugen, die die vom Vulkan ausgehenden gewaltigen Energien in einer Form freisetzten, dass sie keine Zerstörung bewirken konnten. Ich war sehr überrascht darüber zu erfahren, dass die Meister schon seit langer Zeit in diesem Vulkan lebten, aber am meisten erstaunte mich, dass ihre Gegenwart von den

Dorfbewohnern - die überwiegende Zahl von ihnen Ureinwohner - akzeptiert wurde.

Ich saß im Gras und versuchte, die Lehren der Meister in Bezug auf Energie und Empfindungsvermögen zu praktizieren. Ich bemühte mich zu sehen und zu fühlen, was an diesem Ort vor sich ging, jedoch nicht ohne vorher die Meister um Erlaubnis zu bitten. Sie standen ein paar Meter von mir entfernt und schienen ein Gebet für die Natur an diesem Ort und für den Vulkan auszusprechen.

Plötzlich wurde ich von fremden Stimmen aufgeschreckt und schaute mich um, wer sich uns genähert hatte. Ich sah zwei alte Männer und drei jüngere Frauen, die aus dem Dorf hochgekommen waren und ein Gespräch mit den Meistern führten. In ihren Gesichtern sah ich große Freude, und offensichtlich schienen sich alle gut zu kennen. Ich war ziemlich verblüfft, denn eigentlich ist es äußerst selten, dass Menschen mit den Meistern bewusst kommunizieren. Deshalb war ich über ihr freimütiges Gespräch sehr überrascht, aber auch glücklich.

Ich beschloss, mich ihnen zu nähern, und als ich es tat, schauten die beiden Männer und die drei Frauen sofort zu mir herüber und begannen zu lächeln. Was mir jedoch am meisten auffiel, war ihr Gesichtsausdruck, der Unschuld und Liebe zum Ausdruck brachte. In diesem Moment spürte ich ein starkes Gefühl von Wärme in meiner Brust. Ich grüßte sie, und sie gaben mir ein Zeichen, dass ich mich neben sie und die Meister ins Gras setzen sollte.

Der ältere Mann sprach mich an: "Sei willkommen, die Söhne dieses Landes grüßen dich wie auch unsere Brüder *Goyitos* (wobei er auf die Meister zeigte). Du bist überrascht, dass wir hier sind, nicht wahr? (Sie begannen alle zu lachen.) Nun, es sollte dich nicht überraschen, denn wir wurden von ihnen eingeladen, so wie wir auch sie eingeladen haben, und das tun wir schon seit Äonen ..."

Dann ergriff eine der Frauen das Wort und erklärte: "Wir haben unsere Verbundenheit mit den Himmeln und den Sternen nie verloren. Vieles ist verschwunden, vor allem die Wahrheit über unsere Vergangenheit und unsere Vorfahren. Doch wir hegen die Hoffnung, dass unsere Brüder uns zurückgeben, was verloren gegangen ist: Respekt und Liebe, die einst alle Bewohner von Mutter Erde geteilt haben und die uns wieder zu einem einzigen grenzenlosen Wesen zusammenführen werden ..."

In diesem Moment ergriff mich ein Gefühl der Bestürzung, denn ich war nicht davon ausgegangen, dass diese "einfachen" Menschen sich so gewählt ausdrücken konnten. Ich fühlte mich unwohl wegen meiner Vorurteile gegenüber "Eingeborenen" - die mir von einer "fortschrittlichen", aber eigentlich verblendeten Gesellschaft "beigebracht" worden waren. Tausend Gedanken und Gefühle schwirrten durch meinen Kopf; ich wusste nicht, was ich sagen sollte.

Darauf sagte die jüngste der drei Frauen mit einer weichen Stimme: "Sei nicht bestürzt darüber, dass du uns anders eingeschätzt hast, als wir sind. Du weißt nur sehr wenig über Wesen und Ursprung des Landes, in dem du geboren wurdest. Das wenige, das du gelernt hast, ist nur ein Teil der Wahrheit. Die Weisheit unserer Vorfahren wurde vor uns verborgen, in ähnlicher Weise wie ein Mensch, der wegen seiner großen Macht getötet wurde. Doch heute wurde dieser große Mensch wiederbelebt, und das wird dazu führen, dass Himmel und Erde sich wieder vereinigen, so wie es früher schon war ..."

Was die Frau sagte, erzeugte eine Art Vibration in meinem ganzen Körper. Ich fragte in die Runde: "Haben sich alle Ureinwohner diese Fähigkeit zur Verbindung mit den Meistern bewahrt?" Der ältere Mann antwortete mir: "Nein, viele von uns haben diese Fähigkeit verloren, die Stimme der Götter in unseren Herzen zu vernehmen, die *Cenzontle*[1]-Sprache zu verstehen und dem Gesang des Flusses zu lauschen. Nach und nach wurden wir taub und blind für die Gegenwart unserer Götter und verloren so die Fähigkeit, gemeinsam mit unseren Brüdern vom Himmel zu leben. Nicht mehr zu wissen, wer wir wirklich sind, ließ uns auch vergessen, wer sie sind. Doch die, die wir noch kennen - dank unserer Eltern und Großeltern -, sorgen dafür, dass die Unwissenden wieder zu dieser Wahrheit erwachen. Sie offenbaren diese Wahrheit aber nicht jenen, die noch nicht bereit sind, sie zu erkennen und zu verstehen."

Die Worte des Mannes klangen aufrichtig und liebevoll; wieder einmal wusste ich nicht, was ich sagen sollte. Dann sagte einer der Meister: "Ihnen haben wir es zu verdanken, dass wir hier sein können, denn sie waren diejenigen, die die Tür zu ihrem Land, zu ihrem Wesen und vor allem zu ihrem Herzen geöffnet hatten. Sie machten es möglich, die Energien an diesem wundervollen Ort weise zu lenken - jedenfalls in einem gewissen Maße. Die Menschen in den Großstädten halten die Ureinwohner für 'primitiv' und haben sich nie die Mühe gemacht, ihre 'rückständige' Kultur zu studieren, geschweige denn zu verstehen. Dies hat dazu geführt, dass sich die Ureinwohner aus der Gesellschaft zurückgezogen haben - eine Gesellschaft, die jahrhundertelang in ihrem Urteil über diese Menschen äußerst ungerecht war."

Er fuhr fort: "Sie haben in allen Bereichen des menschlichen Lebens wichtige Beiträge geleistet, auch wenn dies für den 'zivilisierten' Menschen nur schwer nachzuvollziehen ist. Die Wahrheit ist: Sie haben viel Kraft investiert, die

1) Cenzontle: (span.) Spottdrossel

ursprüngliche Kultur und das Wissen um die Herkunft eines jeden Wesens zu bewahren. Ihr Anliegen war es, nicht auch noch die letzten Reste des Wissens um ihr wahres Wesen, ihre Essenz, zu verlieren. Sie verdienen unsere Bewunderung, selbst wenn ihre Brüder auf diesem Planeten ihnen misstrauisch gegenüberstehen. Sie haben immer um die Bewahrung der Überlieferungen und der Weisheit ihrer Vorfahren gekämpft - bis zum heutigen Tage."

Als der Meister dies sagte, bemerkte ich, dass der älteste der Männer Tränen in den Augen hatte. Als er sah, dass ich ihn beobachtete, sagte er: "Unsere *Goyitos*, die Söhne von den Sternen, haben uns Zuversicht für unseren Weg und unsere Aufgabe in diesem Leben gegeben. Sie geben uns Hoffnung und schenken uns Liebe; mit ihrer Gegenwart lehren sie uns, dass sie immer unter uns sind. In unseren Religionen geht man davon aus, dass jedem Menschen ein Engel zur Seite steht - und sie gehören zu diesen Engeln."

Seine Worte überraschten mich, vor allem, weil er die Meister "Engel" nannte, und sofort erinnerte ich mich an die Geschichte mit der alten Frau, die plötzlich erkennen konnte, dass ihr Leben doch einen Sinn hatte, als der Meister mit ihr gesprochen und sie ihn "mein Engel" genannt hatte. Ich musste über die große Aufgabe nachdenken, die die Meister seit Jahrtausenden auf diesem Planeten erfüllen - sie, die oft als Engel oder "Lichtwesen" ohne physischen Körper bezeichnet werden.

Obwohl diese wundervollen Ureinwohner eigentlich katholisch geprägt sind, hat sie das nicht daran gehindert, an die Meister zu glauben, denn ihre Herzen glauben nicht an künstliche Begrenzungen, wie es die Bewohner der Großstädte tun.

Dies war für mich eine einzigartige Erfahrung von Liebe und Verbundenheit. Sie lehrte mich, dass die Einzigen, die die

Wahrheit dessen, was uns umgibt, nicht wissen oder erkennen wollen, diejenigen sind, die glauben, diese Menschen seien "primitiv" und "ignorant" - obwohl es eigentlich kaum jemanden gibt, der ignoranter ist als die vermeintlich fortschrittlichen Menschen, die alles daransetzen, die Wahrheit - selbst wenn sie offensichtlich ist - zu verbergen oder einfach zu übergehen.

Die Gegenwart der Meister auf unserem Planeten ist eine Realität, die jeder von uns bedenken sollte, denn sie geht über unsere religiösen Überzeugungen oder philosophischen Konzepte hinaus. Ihre Gegenwart ist in jedem Aspekt unseres Lebens offenkundig; jeder von uns hat schon mal einen Moment gehabt oder eine Begegnung mit jemandem, bei der etwas "haften geblieben" ist, das wir nie mehr vergessen können. Ein einfaches Lächeln oder ein paar Worte des Zuspruchs haben uns vielleicht Erleichterung gebracht oder Hoffnung geschenkt, ohne dass wir etwa ahnten, dass wir es mit ganz besonderen Wesen zu tun gehabt haben: Wesen von großer Weisheit und Liebe, denen nur unser Glück am Herzen liegt.

Bedingungslose Liebe

Ich erinnere mich immer wieder gern an eine der vielen Geschichten der Liebe, die ich mit den Meistern in einer kleinen mexikanischen Stadt erlebt habe. Wir waren an einem sehr magischen Ort und wollten etwas über seine Schönheit herausfinden, die die Natur mit all ihrer Weisheit dort hervorgebracht hatte.

Einer der Meister sagte zu mir: "Jeden Tag kommt nachmittags eine Frau, die unsere Freundin ist und uns mit ihrer Fröhlichkeit, Liebe und Anmut schon seit langer Zeit unterstützt. Sie bringt uns Speisen, Getränke, Kleidung und alles, was sie sonst noch entbehren kann. Dies tut sie immer mit viel Liebe und Demut, ohne irgendetwas anderes zu erwarten, als dass es uns gut geht. Ich würde euch beide gern mal zu einem Gespräch zusammenbringen." Ich stimmte sofort zu, weil ich wusste, dass es für mich eine wundervolle Erfahrung und eine große Lektion sein würde.

Schließlich traf sie ein, und ich sah, dass sie schon sehr alt war. Ich schätzte sie auf etwa achtzig Jahre. Sie hatte ein bescheidenes Äußeres und trug alte Kleidung, die mit Flicken besetzt, aber sehr sauber war. Ich fühlte mich sofort zu ihr hingezogen. Mir fiel auf, dass sie sich für ihr Alter sehr schnell bewegte, dabei jedoch immer ein ruhiges Lächeln auf den Lippen hatte.

An jenem Nachmittag waren wir zu viert: zwei Meister, eine Meisterin und ich. Die alte Frau grüßte uns mit sanfter Stimme:

“Guten Tag, ihr Lieben, ich bringe euch euer Maismehlgetränk - schön heiß, wie ihr es bei diesem kalten Wetter mögt, um euch aufzuwärmen. Wie ich sehe, habt ihr heute Besuch; nun, hätte ich das gewusst, hätte ich euch auch ein paar Brötchen mitgebracht. Aber morgen werde ich daran denken ...”

Einer der Meister ging sofort auf sie zu und nahm die Getränke entgegen. Mit einem Lächeln dankte er ihr und sagte: “Danke für all deine Liebe und Aufmerksamkeit. Jedes Mal, wenn du kommst, strahlst du so viel Fröhlichkeit und Liebe aus; das hilft uns wirklich, mit unserer Arbeit fortzufahren. Tausend Dank dafür. Dies ist übrigens Flora, unsere Freundin; sie hilft uns genau wie du, und in nächster Zeit wirst du sie hier häufiger sehen ...”

Die alte Frau antwortete: “Ich bin erfreut, dass du da bist. Für das, was du demnächst von mir erhältst, brauchst du dich übrigens nicht zu bedanken. Es ist mir ein Vergnügen, dich kennenzulernen, schöne Frau ...” Als sie mir dies sagte, liefen ihr einige Tränen über die Wangen. Sie schien sehr gerührt über die Gegenwart der Meister zu sein und war offensichtlich froh, dass sie ihnen helfen konnte.

Sie wandte sich mir zu und sagte: “Als ich klein war, kam ich immer hierher, um zu spielen und das, was ich zu essen finden konnte, für meine Eltern zu sammeln. Dabei befürchtete ich manchmal, nichts zu finden, das ich mitnehmen konnte, denn meine Eltern waren sehr arm und litten immer unter Hunger. Zu jener Zeit legte ich meine Wünsche der heiligen Mutter Maria ans Herz, sodass sie mich zu Plätzen führen konnte, an denen ich etwas zu essen finden würde. Manchmal kam ich mit leeren Händen nach Hause, doch fast immer fand ich etwas zu essen für uns. Wenn ich die Bäume, die Vögel und den Himmel betrachtete, konnte ich die Anwesenheit eines Wesens an meiner Seite spüren. Dabei lief mir immer ein

Schauer über den Rücken, obwohl niemand zu sehen war. So ging das jahrelang."

Sie fuhr fort: "Später, als junge Erwachsene, heiratete ich. Meine Kinder und ich kamen immer hierher, weil ich hoffte, ich könnte eines Tages vielleicht sehen oder fühlen, wer oder was sich an diesem Ort aufhält. Nun, die Zeit verging, und mit den Jahren und über die Sorgen, die ich so lange hatte, vergaß ich diesen Ort; ich konnte an nichts anderes als meine Probleme denken.

Als dann eines Tages mein Mann starb und meine Kinder bereits aus dem Haus waren, fühlte ich mich ziemlich traurig und allein. Eines Nachts hatte ich dann einen Traum, in dem ich an einem Ort war, der wie das Paradies aussah. Ich sah Vögel mit Gefieder in tausend Farben und Pferde in allen Schattierungen des Regenbogens. Dann bemerkte ich diesen schönen Mann in einem langen weißen Gewand und einige weitere, die ähnlich aussahen wie er. Mit einem Lächeln traten sie mir entgegen und sagten: 'Ein wunderschöner und ganz besonderer Ort wartet auf dich; sei glücklich und lass dein Herz wieder lächeln. Wir werden dich erwarten.'"

"Plötzlich wachte ich auf", erzählte sie weiter, "und musste weinen wie ein Kind. Ich konnte meinem Traum keinen Sinn abgewinnen. Ich dachte, vielleicht würde ich nun auch sterben und dann an diesen Ort gelangen - doch dann erinnerte ich mich plötzlich wieder an diesen Ort hier, den ich so lange nicht mehr besucht hatte.

Ich machte mich also auf den Weg, um hier etwas Trost zu finden. Als ich ankam, traf ich auf sie (wobei sie auf die Meister deutete). Zunächst wusste ich nicht, was ich tun sollte. Ich hatte das Gefühl, mein Traum würde wahr werden, und ich dankte der heiligen Mutter Maria und Gott, denn nach so vielen Jahren verstand ich endlich, was ich schon als Kind hier gefühlt hatte."

"Ich weiß, dass die Meister triftige Gründe haben, weshalb sie hier sind", fuhr sie fort. "Ich kenne sie nicht, weiß aber, was ich für sie fühle. Ich glaube, sie sind von weit her gekommen und schon seit langer Zeit an diesem Ort, denn nicht nur ich, sondern auch meine Großmutter hat ihre Gegenwart hier wahrgenommen. Und sie brauchen Hilfe genauso wie wir. Wie kann ich mich erkenntlich zeigen für die Freude, wieder Gefühle wie ein Kind zu haben? Dafür, dass ich nun sehen und vor allem fühlen kann, dass ich hier 'Gesellschaft' habe, sozusagen direkte Abgesandte Gottes? Deshalb werde ich ihnen helfen, solange ich lebe und wann immer ich kann. Sie werden immer in meinem Herzen sein, und ich gebe ihnen von meinem Brot, was ich kann ... Ich rede wohl ein bisschen zu viel, oder? Aber glaube mir, ich erzähle sonst niemandem davon, denn die Leute würden mich für verrückt erklären. Aber bei dir weiß ich, dass du mich verstehst. Bis zu meinem Tod werde ich für diese Offenbarung dankbar sein ..."

Die Frau verstummte, und wieder einmal wusste ich nicht, was ich sagen sollte. Ihre Worte, Erfahrungen und ihre Begegnung mit den Meistern an diesem Ort hatten mich sehr berührt. Ich lächelte sie an und suchte nach Worten, als sie mir zuvorkam: "Du brauchst nichts zu sagen, keine Sorge. Von den Meistern habe ich gelernt, dass Worte nicht notwendig sind, wenn das Herz bereits die Antworten weiß. Wenn mein Herz glücklich ist, kann ich auf 'Antworten' gern verzichten ..."

Als sie dies sagte, war ich von ihren Worten und ihrer Denkweise sehr überrascht. Mir wurde die allumfassende und grenzenlose Liebe bewusst, die wir Menschen und alle Wesen in diesem Universum fühlen, doch aus bestimmten Gründen ziehen wir es vor, diese Gefühle zu verbergen oder zu beschneiden.

Die Worte dieser wundervollen Frau und die Haltung, die sie damit zum Ausdruck brachte, waren für mich eine große Lektion, wie es der Meister vorhergesagt hatte. Die Demut und die bedingungslose Liebe dieser Frau waren mir ein leuchtendes Beispiel, von dem ich mir wünschte, ich könnte es als Erinnerung immer in meinem Herzen tragen. Bis heute hilft diese Frau den Meistern (im Rahmen ihrer Möglichkeiten), ihre Mission der Liebe und des Beistands zu erfüllen, indem sie das Schönste und Wertvollste gibt, was sie hat: ihr Herz.

Kapitel 4

Reinkarnation

In all den Jahren, die ich mit den Meistern verbrachte, gab es immer wieder Gespräche oder Situationen, die mir aufzeigten, was wir Menschen eigentlich falsch gemacht haben. Es existiert eine Menge Literatur zu den Themen Reinkarnation und Karma, die den Menschen schon immer beschäftigt haben und auch in alten Überlieferungen erwähnt werden.

Aufgrund meiner Unkenntnis dachte ich bisher, dass Reinkarnation bedeute, in menschlicher, tierischer oder pflanzlicher Gestalt wiedergeboren zu werden. Dies fand ich schon interessant, schenkte dem Ganzen aber keine große Aufmerksamkeit. Erst durch meine Begegnung mit den Meistern erkannte und verstand ich, wie wichtig es ist, über dieses Gebiet Bescheid zu wissen.

Mir fiel es schwer, dies zu verstehen, denn zunächst sah es einfacher aus, als ich dachte. Ich glaubte auch, ein Gespräch mit den Meistern über Reinkarnation wäre sicher recht kompliziert, denn sie hatten mir bereits einiges über das Thema zu lesen gegeben, was ich nicht so recht verstehen konnte.

Obgleich die Wortbedeutungen im Wesentlichen dieselben waren, wurden sie doch unterschiedlich ausgelegt.

Deshalb möchte ich das Thema Reinkarnation hier erwähnen (wenn auch nur kurz, weil das Thema aufgrund seiner Bedeutung ein ganzes Buch füllen würde). Für manche ist Reinkarnation eine Realität, für andere ist sie nur Fiktion.

Lange Zeit verstand man Reinkarnation als Wiedergeburt der Seele, und manche Menschen verstanden darunter auch ihre persönliche Wiederauferstehung im religiösen Sinne. Im östlichen Kulturkreis misst man dem Thema Reinkarnation viel größere Bedeutung bei als im Westen, weil uns dieses Wissen durch Verlust und Zerstörung alter Überlieferungen größtenteils abhandengekommen ist. Ein geringer Teil dieses Wissens ist allerdings auch in unserem Kulturkreis noch vorhanden. In vielen Fällen hat uns unsere eigene innere Weisheit darauf aufmerksam gemacht, dass die Akzeptanz der Reinkarnation ein wichtiger Bestandteil für unsere geistige Entwicklung ist.

Jeder von uns kennt sicher das faszinierende Gefühl, früher schon einmal gelebt zu haben. Vielleicht haben wir einen Menschen getroffen, der uns irgendwie vertraut schien, obwohl wir ihm zum ersten Mal begegneten; vielleicht haben wir uns an einem Ort befunden und das Gefühl gehabt, schon mal dort gewesen zu sein, obwohl wir uns zum ersten Mal dort aufhielten. Doch meistens schenken wir solchen Phänomenen keine weitere Beachtung, und so entgeht uns eine Gelegenheit, unsere eigene Vergangenheit zu erforschen, die uns etwas über unsere Aufgabe in diesem Leben offenbaren könnte. Reinkarnation ist eine Realität, doch der Mensch – gerade im westlichen Kulturkreis – hat den Bezug zu dieser Realität verloren und betrachtet den Tod als Ende seiner Existenz.

Ich war sehr überrascht, als ich feststellte, dass ausnahmslos alles, was in unserem Leben geschieht, direkt mit der Mission zu tun hat, die wir Menschen haben. Und dies gilt nicht nur für die Kinder dieser Erde, sondern für alle Wesen in diesem Universum. Es ist Teil des ersten universellen Gesetzes, das für alle Bewohner dieses unendlichen Kosmos gilt. Dieses Gesetz ist das Gesetz des Glücks oder das Gesetz der Liebe.

Bei unserer Geburt kommen wir auf diese Welt, um eine spirituelle Mission zu erfüllen, denn dies ist Teil unseres Engagements für das Leben und die Schöpfung. Diese Mission ist einfacher, als wir vielleicht denken, denn sie besteht ausschließlich darin, glücklich zu sein. Glück ist Sinn und Ziel des Lebens, doch wir Menschen haben das Ganze verkompliziert, weil wir glauben, dass wahres Glück unerreichbar ist – eine Fantasie, der sich nur Kinder und naive Menschen hingeben. Dies hat uns zu dem Glauben verleitet, dass wirkliches Glück nicht existiert und nur eine vage Vorstellung in unserem Geist ist.

Wir inkarnieren in diese Welt aufgrund unserer eigenen Entscheidung, und vom ersten Tag unseres Daseins an ist unsere einzige Mission, absolut und vollkommen glücklich zu sein. Dieses Versprechen grenzenlosen und wundervollen Glücks sollte sich erfüllen, und unsere "Aufgabe" in diesem Leben ist, dieses Glück in all seiner Intensität zu erfahren und zu leben, denn dies ist das Ziel allen Lebens im Universum. Unsere Mission als Wesen ohne Grenzen ist, unsere Essenz zum Ausdruck zu bringen, und diese Essenz ist Liebe und Glück.

Für viele Menschen – und so wurde es seit Jahrhunderten überliefert – ist der Sinn des Lebens Evolution. Evolution, unsere Entwicklung auf allen Ebenen, wurde als etwas dargestellt, das wir alle durchlaufen müssen, damit wir den Aufstieg vollziehen können zu dem, was wir als "Himmel", "Paradies" oder "Nirvana" bezeichnen. Wir glauben, dass Evolution eine Art spirituelle "Arbeit" an uns selbst als Vorbereitung auf dieses himmlische Paradies ist. Viele Menschen glauben, dass sie eine Art Mönch oder Asket sein oder Tag und Nacht meditieren müssen, um zur Erleuchtung zu gelangen.

Die Meister zeigten mir, dass alle Menschen zum Zeitpunkt ihrer Geburt mit einer sehr reinen, man könnte sagen "evolutionären", Energie inkarnieren, die man auch als "unsere Weisheit" bezeichnen könnte. Wir tragen diese Weisheit als Essenz immer in unserem Herzen, verlieren sie dann aber im Laufe der Zeit, ohne es zu bemerken, bis wir vollkommen vergessen haben, dass sie in jedem von uns vorhanden ist.

Dies macht es für uns sehr schwierig, unsere Mission auf diesem Planeten und in diesem Universum zu erfüllen. Je mehr wir uns von uns selbst, von unserer Essenz und von dem, was uns umgibt, entfernen, desto mehr entfernen wir uns auch von diesem Zustand absoluten, vollkommenen Glücks.

In einfachen Begriffen könnte Evolution definiert werden als die Fähigkeit, glücklich zu sein und andere an diesem Glück teilhaben zu lassen. Wenn ich beschreiben sollte, wer die Meister sind, würde ich sie als vollkommen entwickelte Wesen bezeichnen, denn sie verfügen über die Fähigkeit, alles zu schätzen und zu lieben, und sei es auch noch so klein, unbedeutend oder alltäglich - zumindest nach unserer Auffassung. Diese Liebesfähigkeit und das innere Glücksgefühl, das damit einhergeht, macht sie in meinen Augen zu den höchstentwickelten Wesen auf unserem Planeten.

Einige Zeit nach unserer ersten Begegnung fragte ich Meister Nintancito, wie er und die anderen Meister diese hohe Entwicklungsstufe erreicht hatten, und er antwortete mir: "Die Evolution, von der du sprichst - für uns bedeutet sie, einfach glücklich zu sein. Die starke Energie, die von jedem Menschen ausströmt, wenn er das, was ihn umgibt, liebt und schätzt, ist eine Energie ohne Grenzen, die viele Türen zu deinem Innern öffnet, sodass du das Gefühl hast, mit dieser Grenzenlosigkeit zu verschmelzen. Dann bist du gleichzeitig Schöpfer und Objekt der Schöpfung. Dieses Gefühl bewirkt eine Transformation deines Wesens und deiner Umgebung. Und sie lässt dich die Mission erkennen, die allen Wesen im Universum zu eigen und gemeinsam ist: glücklich zu sein und andere glücklich zu machen." Diese klare und einfache Antwort des Meisters half mir zu verstehen, dass Evolution für die Meister gleichbedeutend mit Glück ist.

Vielleicht können wir jetzt nachvollziehen, dass Glück im Grunde ein Akt der Hingabe ist - eine Hingabe an unsere Mission und der eigentliche Sinn unserer Existenz. Wenn sich unser Leben dem Ende nähert und wir feststellen, dass uns das ursprüngliche Motiv und der Grund für unser Dasein hier auf der Erde entfallen sind, kommen wir zu der Einsicht, dass wir uns selbst gegenüber immer noch eine Verpflichtung haben - dass wir uns und unserer Existenz immer noch etwas schuldig sind. Doch der körperliche Tod macht es uns unmöglich, dieser Verpflichtung uns selbst gegenüber nachzukommen.

Um unsere Lebensaufgabe - vollkommenes Glück - zu erfüllen, müssen wir also erneut auf dieser Erde inkarnieren. Nach den Gesetzen dieses Planeten geschieht dies so lange, wie es braucht, um diese Mission zu erfüllen und festzustellen, dass der einzige Grund für das Phänomen der Reinkarnation das Erreichen des vollkommenen Glücks für uns und andere ist.

Als ich vor einiger Zeit in Spanien einen Vortrag zu diesem Thema hielt und dabei erwähnte, dass die eigentliche Mission des Menschen darin bestehe, glücklich zu sein, fühlte sich eine Zuhörerin offensichtlich angegriffen und fragte mich: "Wie können Sie behaupten, dass der Sinn des Lebens Glück sei, wo doch der eigentliche Lebenszweck die Evolution des

Menschen und sein Aufstieg zu höheren Dimensionsebenen ist? Sie können nicht behaupten, dass der Sinn des Lebens *nur* Glück sein soll."

Ich konnte schon verstehen, weshalb die Frau so aufgebracht war, und versuchte ihr zu erklären, was ich meinte, indem ich ihr eine Frage stellte: "Ich stimme Ihnen zu, aber sagen Sie mir doch bitte: Was *ist* Evolution für Sie?" Die Frage überraschte sie offensichtlich etwas, und sie antwortete: "Evolution bedeutet Aufstieg, sich freimachen von allen Bedürfnissen. Es ist das Lösen aller traumatischen Geschehnisse in unserem Leben, um so zu höheren Seinsebenen aufzusteigen."

Ich antwortete: "Auch da stimme ich Ihnen zu, doch was ist für Sie der eigentliche Zweck dieser Evolution?" Sie erwiderte: "Uns zu befreien und aufzusteigen." Ich fragte sie erneut: "Ja, ich verstehe - doch weshalb geschieht diese Evolution? Was ist das eigentliche Ziel dahinter?" Mit leichtem Zorn in ihrer Stimme antwortete sie: "Um zur Einheit zu gelangen, um sich am Aufstieg zu erfreuen." Darauf entgegnete ich: "Das sehe ich auch so - und ist es nicht genau das, was wir 'Glück' nennen? Ist diese Evolution, dieser Prozess des Aufstiegs, denn etwas anderes als die Fähigkeit, uns zu schätzen und zu lieben? Deshalb sehe ich es als unsere Mission an, glücklich zu sein und andere glücklich zu machen. Wir sollten die Dinge nicht unnötig verkomplizieren, wie wir es schon so lange machen. Die Entwicklungsstufe eines Wesens drückt sich in seiner Fähigkeit aus, Liebe zu geben und zu fühlen. Das ist, was Evolution bedeutet - und zwar nicht erst in der Zukunft, sondern *hier und jetzt*."

Das Wort "Glück" hat natürlich auch verschiedene Bedeutungen. Meister Nintancito formulierte es mir gegenüber einmal so: "Glück ist ein bestimmtes, in Emotionen und Handlungen übertragenes Gefühl, das demjenigen Erfüllung schenkt, der es bewusst hervorruft. Und es ist die Fäh diese Erfüllung mit allem zu teilen, was einen umgibt.” W Glück trägt immer zum Glück anderer in unserem Umfeld bei. Glück bedeutet umgekehrt also auch, nichts zu tun, was anderen schadet oder ihnen Nachteile bringt. Leider sind wir uns dessen nicht wirklich bewusst, denn wir glauben, dass unser eigenes Vergnügen und Glück Vorrang hat gegenüber dem anderer. Doch genau diese Haltung führt uns weiter weg von unserem eigenen Glück.

Dies ist auch der Grund, weshalb der Dialog mit unserer inneren Weisheit, mit unserem Herzen, so wichtig ist. Nur das Herz ist im Stande, uns zur Liebe zu führen und die richtigen Dinge zu tun, um im Rahmen unserer Evolution zu echtem, dauerhaftem Glück zu gelangen. Wir sollten die Wahrheit unseres Wesens weder verleugnen noch vor ihr davonlaufen. Auf die eine oder andere Weise sind wir alle auf dieser Suche; wir alle sehnen uns nach Liebe und wünschen uns das Wohlergehen unserer Familie und unserer Umwelt. Auch wenn wir uns Gefühlen wie Hass, Groll und Neid durchaus bewusst sind, so trägt doch ein jeder von uns in seinem Herzen dieses reine Gefühl der Liebe für *alles*, was existiert. Manche von uns sind, was dieses Gefühl angeht, vielleicht weiter vom Weg abgekommen, aber auch in den Herzen jener Menschen brennt immer noch diese kleine Flamme.

Wir sollten uns daran erinnern, dass unsere Familie nicht nur aus den uns bekannten Angehörigen besteht; unsere Familie besteht aus allem, was uns umgibt, was innerhalb und außerhalb eines jeden Menschen und dieses Planeten lebendig ist. Wir sollten also allem Liebe schenken, das uns darum bittet, denn das, was um Liebe bittet, ist *alles*, was das Universum bewohnt.

Ist es nicht wundervoll zu wissen, dass wir – um unsere Aufgabe als Kinder von Mutter Erde zu erfüllen – nur glücklich sein und Liebe schenken müssen? Wir brauchen uns nur zu gestatten zu sein, wer wir wirklich sind; wir brauchen uns nur daran zu erinnern, dass unsere Schöpfung grenzenlos und unermesslich ist und dass wir bisher nur einen kleinen Teil unseres Lebens und unserer Erde wahrgenommen haben, der obendrein vielleicht noch nicht einmal die Realität widerspiegelt.

Unsere Arbeit hat also gerade erst begonnen, und sie sollte in unserem Herzen beginnen. Unsere Reise auf diesem Planeten sollte uns die Gelegenheit bieten, dieses Leben zu genießen, glücklich zu sein und damit die eigentliche Mission unseres Lebens zu erfüllen. Glück ist grenzenlos und währt ewig, und deshalb hat auch diese Mission kein Ende; sie geht über alles uns Vorstellbare hinaus, und bei jedem Schritt erfüllen wir als universelle Wesen unsere Mission als Schöpfer und Objekt der Schöpfung.

Unsere uns selbst gegenüber eingegangene Verpflichtung als universelle Wesen lässt uns in einer neuen Inkarnation an den Ort zurückkehren, an dem wir in der letzten Inkarnation nicht im Stande waren, diese Mission zu erfüllen. Der Grund, weshalb wir immer noch hier sind, ist, dass wir unsere Mission auf diesem Planeten noch nicht zum Abschluss gebracht haben. Doch wir sind lebendig und haben den ganzen Rest unseres Lebens zur Verfügung, um dies zu tun und damit Mutter Erde den Dienst zu erweisen, den sie verdient.

Karma

Auch das Thema "Karma" ist für unser Leben von großer Bedeutung. Sicherlich haben die meisten von Ihnen eine Vorstellung von der Bedeutung dieses Begriffs; es herrscht jedoch auch eine Menge Verwirrung rund um dieses Thema. Jahrhundertelang sprach man vom "Gesetz von Ursache und Wirkung", das das Leben jedes Menschen bestimmt. Für viele ist dies eine Realität, während die eher skeptischen Geister darin etwas sehen, das uns aus bösartigen Motiven Furcht einflößen soll. Doch bei diesem Gesetz handelt es sich um eines der wahren Gesetze, die Teil des menschlichen Wesens sind und unser Leben entscheidend beeinflussen.

Karma und Reinkarnation werden oft in einem Atemzug erwähnt. In alten Überlieferungen - vor allem aus dem Orient - finden sich immer wieder Bezüge auf Verbindungen zwischen diesem Leben und unseren Handlungen in früheren Inkarnationen. Jahrtausendelang glaubte man, dass das Gesetz des Karmas verantwortlich dafür war, wenn jemand mit einer körperlichen Behinderung oder in ein Umfeld von Armut oder Hunger hineingeboren wurde, und dass dieses Gesetz eine Antwort darauf liefern könnte. Die Antwort ist: Die nachteiligen Umstände, mit denen sich ein Mensch in diesem Leben konfrontiert sieht, sind sehr wahrscheinlich das Ergebnis seiner Handlungen in früheren Leben - sein Karma. Bei einer bestimmten körperlichen Behinderung geht man nach diesem Gesetz davon aus, dass der Behinderte in einem früheren Leben einer anderen

Person in ähnlicher Weise Schaden zugefügt hat und dafür in diesem Leben "die offene Rechnung begleichen" muss.

Dies scheint in gewissem Grade die einzige Erklärung für Schmerz und Leid zu sein, das einem Menschen in diesem Leben widerfährt. Vielleicht empfinden viele Menschen deshalb dieses Gesetz als eine Art Trost, da der Mensch sich nicht über den "göttlichen Willen" stellen kann, ohne mit den Konsequenzen leben zu müssen. Jahrtausendelang hat der Mensch geglaubt, dass Schmerz und Leid eine Art Buße oder Bestrafung für die Übertretung dieses Gesetzes darstellt - mit der Konsequenz und "Einsicht", dass man erst Leidensprüfungen bestehen muss, bevor man es "verdient" hat, glücklich zu sein. Viele Menschen akzeptieren ihr schmerzhaftes Los und bitten den Schöpfer um Vergebung, sodass sie eine Befreiung von ihrem Leid erfahren und "ins Himmelreich gelangen" können.

Diese weit verbreitete, aber irrige Glaubensauffassung ist das Ergebnis des Einflusses dunkler Kräfte und hat uns unserer universellen Fähigkeiten wie Weisheit und Selbstmacht beraubt.

Durch die Meister erkannte ich, wie sehr wir Menschen von unserem Weg abgekommen sind. Sie haben versucht, uns mit ihren Lehren zu unserer inneren Weisheit zu führen, die uns vor Augen halten würde, dass wir die wichtigsten Dinge unseres Lebens falsch gedeutet haben.

Die Meister wissen, dass das Gesetz von Ursache und Wirkung gültig ist, und zwar nicht nur auf irdischer, sondern auch auf universeller Ebene. Leider verstricken wir uns jedoch immer wieder in einen Kampf zwischen "Gut" und "Böse" - Begriffe, die in religiösen und philosophischen Schriften weit verbreitet sind. Wenn das Gesetz des Karmas also ein universelles Konzept ist, könnten wir davon ausgehen, dass unser Denken, Fühlen und Handeln immer und überall klare Konsequenzen nach sich zieht - im "positiven" wie im "negativen" Sinne, denn wir sind zu allen möglichen und mitunter sehr gegensätzlichen Gefühlen, Gedanken und Handlungen fähig.

Da die Meister ihre Handlungen ausschließlich auf Liebe und Mitgefühl gründen, findet das Gesetz des Karmas logischerweise auf sie keine Anwendung; ihr Weg ist erhellt von ihrer grenzenlosen Liebe und Weisheit. Sie leben, um ihre Mission als universelle Wesen - die dieselbe ist wie unsere - zu erfüllen, wobei der einzige Unterschied zwischen ihnen und uns in der Tatsache besteht, dass sie sich dieser Mission voll bewusst sind und wir nicht. Sie sehen das Bild des Lebens als Ganzes und schaffen mit ihrer grenzenlosen Liebe ausschließlich "positives Karma".

Für sie ist Karma ein Gesetz der Verpflichtung, das das Leben der Menschen bestimmt, denn es besteht eine Verbindung zwischen diesem Gesetz und dem Gesetz des Ausgleichs der Energien, wenn man es so bezeichnen will. Jede Bewegung, jeder Gedanke, jedes Gefühl oder jede Handlung erzeugt eine Energie, deren Auswirkungen durch unsere Verbundenheit mit allem früher oder später auf uns zurückfließen. Dies "zeigt uns die Richtung", in die wir gehen, und fordert uns auf, uns darüber bewusst zu werden, ob wir unsere Mission, Glück zu erfahren und mit anderen zu teilen, wirklich erfüllen.

Wie wir wissen, bestimmen unsere Handlungen in der Gegenwart unsere Geschicke in der Zukunft, und von diesen Handlungen ist abhängig, wer oder was kurz- oder langfristig in unser Leben tritt. Doch der Glaube, dass unsere Missstände, Unzulänglichkeiten oder gar körperlichen Behinderungen ausschließlich das Ergebnis des Karma-Gesetzes seien, ist eine Fehldeutung dieses Gesetzes, der der Mensch schon seit Jahrhunderten anhängt.

Die Meister erklärten mir, dass sich das Gesetz des Karmas anders auswirkt, als wir es gewöhnlich verstehen. Nach unserer (falschen) Auffassung "schleppt" ein Mensch sein Karma von Leben zu Leben, so als ob uns ein gnadenloser Schuldeneintreiber unablässig auf den Fersen ist und uns unsere Schulden über Tod und Wiedergeburt hinaus nachträgt. Für die Meister ist dies eine der Fehldeutungen, die uns schon seit Jahrhunderten Schaden zugefügt haben. Wenn ein Mensch, der auf diese Weise an das Gesetz des Karmas glaubt, in Armut und Elend hineingeboren wird, muss er zwangsläufig davon ausgehen, dass dies Teil seines "karmischen Schicksals" ist. Doch damit ist er nicht nur einem Irrtum aufgesessen, sondern er versagt sich damit auch die Erfüllung seiner eigentlichen Mission auf diesem Planeten.

Karma ist das Gesetz von Ursache und Wirkung; daran besteht kein Zweifel. Dieses Gesetz bestimmt unser Leben, findet aber nur in der Gegenwart und nicht in der Vergangenheit Anwendung, denn die Möglichkeit der Wiedergeburt verleiht uns eine neue Identität und damit neue Gelegenheiten, um unsere Mission zu erfüllen. Wenn wir Karma von Leben zu Leben mit uns tragen müssten, ohne uns überhaupt bewusst zu sein, wer wir waren und was wir taten, würden wir für etwas "bezahlen" müssen, von dem wir nichts wissen oder das wir übersehen haben. Zum Zeitpunkt des Todes und der Wiedergeburt sind wir zwar immer noch dasselbe geistige Wesen, doch die Umstände unseres physischen Lebens werden neu und anders sein und uns helfen zu verstehen, was unsere tatsächliche Mission im Leben ist.

Unser ganzes Leben hindurch - und bevor wir sterben - versuchen wir, durch Anwendung des Gesetzes von Ursache und Wirkung alle "offenen Rechnungen zu bezahlen", die wir noch ausstehen haben. In dem Moment, in dem wir sterben und den physischen Körper verlassen, lassen wir auch alles Negative zurück, das uns daran gehindert hat, glücklich zu sein. Wir befinden uns dann im reinen und vollbewussten Zustand unseres wirklichen Wesens und kehren zu unserer Essenz, zu Liebe und Weisheit, zurück.

Im Moment des Todes halten wir Rückschau auf unser Leben, unsere Identität und unsere Handlungen in diesem Leben. In diesem Moment braucht der Mensch niemanden, der ihm seine Fehler aufzeigt, denn wenn er zu seinem wahren Wesen, seiner Essenz, zurückkehrt, erkennt er von selbst all seine Handlungen, die nicht auf Liebe gründeten. Jeder Gedanke, jede Einstellung, die nicht von Liebe und Freude getragen war, erzeugt bei einem Menschen, der auf diese Weise Rückschau auf sein Leben hält, Gefühle von Leid und Trauer. Diese Gefühle wandeln sich zu einer starken Kraft, die den Menschen erkennen lässt, dass er seine Mission als universelles Wesen noch nicht erfüllt hat. In dem Moment versteht er, dass er zur Erde zurückkehren muss, um diese Mission mit Liebe und Freude zu erfüllen.

Seine Wiedergeburt ist für ihn eine neue Gelegenheit, sein wahres Wesen, seine Weisheit und grenzenlose Liebe zum Ausdruck zu bringen. Mit "Schulden" aus früheren Leben (die zum Zeitpunkt der Wiedergeburt glücklicherweise "getilgt" sind) hätte er diese Gelegenheit nicht. Doch schon im Zustand reinen Bewusstseins zwischen den Inkarnationen war es ihm möglich, seine früheren Fehler zu erkennen. Und deshalb wird es ihm gestattet, auf dem Planeten zu reinkarnieren, wo er seine Mission noch nicht erfüllt hat.

Sein Karma verbleibt mit seiner Identität im früheren Leben und wurde dort "abbezahlt", sodass das Gesetz von Ursache und Wirkung für ihn in der neuen Verkörperung sozusagen wieder "auf Null gesetzt" wird.

Nur im Falle von Menschen, die sich in einem früheren Leben schwerer Verbrechen wie etwa Mord schuldig gemacht haben, findet das Gesetz des Karmas auf andere Weise Anwendung. Einen anderen Menschen seines Lebens zu berauben ist einer der schwerwiegendsten Verstöße gegen das universelle Gesetz, und der "Gesetzesübertreter" zahlt dafür in der Regel einen sehr hohen Preis. Ein Mörder ist sich normalerweise nie des immensen Schadens bewusst, den er verursacht hat, denn um so etwas wie einen Mord zu begehen, muss er den Kontakt zu seinem Herzen nahezu vollkommen verloren haben. Diese Menschen haben alle Türen zu Liebe, Mitgefühl und Weisheit "von innen verschlossen". Vielleicht werden die Gesetze der Gesellschaft sie für das, was sie getan haben, zur Rechenschaft ziehen, und das Gesetz von Ursache und Wirkung tritt auf den Plan, um die "Schulden einzutreiben". Doch diese Schuld ist *nichts* im Vergleich zu den Schuldgefühlen, die diese Menschen zum Zeitpunkt ihres Todes durchleben.

Wie schon erwähnt, geht ein Mensch zum Zeitpunkt des Ablebens in einen Zustand reiner, bewusster Essenz über, indem er völlig außer Stande ist, irgendetwas anderes zu fühlen als die Liebe unserer Schöpfung. Die Trennung von diesem Zustand war es, die überhaupt erst dazu geführt hat, dass er ein Verbrechen beging.

In dem Moment, in dem ein Mensch in diesen Zustand reiner, bewusster Essenz zurückkehrt, werden ihm alle Momente von Liebe und Hass in seinem letzten Leben noch einmal vor Augen geführt. Im Falle des Mörders bedeutet dies, dass er den Schmerz des Menschen fühlen wird, den er getötet hat – und die Schmerzen aller anderen Menschen, die in irgendeiner Weise von dieser Handlung betroffen waren.

Einige Menschen sind der Auffassung, dass dies nicht genug Strafe für einen Menschen sei, der solch eine Gräueltat begeht.

Manchmal sind wir im Stande, unsere Fehler zu erkennen, doch es fällt uns schwer, uns des Schadens bewusst zu werden, der auf allen Ebenen des Daseins verursacht wird. Doch wenn wir diesen Körper verlassen und eins werden mit unserem wahren Wesen, sind unsere Gefühle so intensiv und unbegrenzt wie unsere Liebe, und deshalb sind wir im Stande, auch unsere Fehler zu erkennen, zu fühlen und zu bereuen.

Der Schmerz eines Menschen, der einen anderen Menschen seines Lebens beraubt hat, ist zum Zeitpunkt seines eigenen Todes ungeheuer groß. Es ist so, als ob ein Wesen voller Licht und Liebe eine Art Traum hat, und wenn es von diesem Traum aufwacht, erkennt es, dass es eine der schlimmsten Taten begangen hat - und sich doch nicht vorstellen kann, etwas so Niederträchtiges getan zu haben. Dieser Mensch weiß jedoch, dass er diese Handlung nur begangen hat, weil er unterbewusst seine wahre Essenz und Liebesfähigkeit verleugnet hat.

Ein Mensch, der so sehr vom Weg abgekommen ist, dass er solch schwere Verbrechen begeht, kann unter seiner Tat eine sehr lange Zeit leiden, bis er sie sich eingesteht und den Schmerz - eigentlich der Schmerz seines Opfers und der Angehörigen - an sich heranlässt und ihn annimmt, sodass er die Vergebung seines Opfers empfangen kann.

Doch er muss auch seine Schulden begleichen, die er im Vorleben nicht abgetragen hat, und erhält deshalb im nächsten Leben eine neue Gelegenheit, sie durch Liebe und Mitgefühl zu "tilgen". Sein Karma beginnt mit dieser neuen Verkörperung, in der seine Geistessenz mehr denn je bemüht sein wird, seine Mission der Liebe zu erfüllen.

An dieser Stelle nimmt das Karma allerdings verschiedene Formen an, denn wenn dieser Mensch in alte verbrecherische Verhaltensmuster wie etwa Mord zurückfällt, wird sich das Karma aus seinem Vorleben mit seinem Leben in der neuen

Verkörperung kurzschließen. Dies geschieht, weil er die für ihn anstehenden Lektionen nicht nur ignoriert, sondern sich erneut gegen die universellen Gesetze stellt. Nun hat er eine Schuld abzutragen, die er sich nach den Gesetzen von Ursache und Wirkung erneut aufgebürdet hat, weil er wiederum seine wahre Mission der Liebe vergessen hat.

Nur in einer Situation wie dieser trägt der Mensch sein Karma von Leben zu Leben mit sich, doch meistens ist dies nur auf das jetzige Leben beschränkt. Es ist jedoch nichts Ungewöhnliches für den Menschen, dieselben Fehler mehrmals zu begehen; deswegen ist es so wichtig, dass wir uns unseres Daseins und unserer Handlungen wirklich voll bewusst sind – und nie die wundervolle Mission vergessen, die wir zu erfüllen haben.

Wie schon erwähnt, hat der Mensch das Gesetz des Karmas als Erklärung für Schmerz und Leid herangezogen. Wie wir aber bereits sahen, überträgt sich Karma nicht automatisch von Inkarnation zu Inkarnation; mir persönlich ist nun klar, dass die Gründe für so viel Schmerz, Leid, Krankheit, Gewalt und andere Schrecklichkeiten auf diesem Planeten in dem seit Jahrtausenden vollkommen gestörten Gleichgewicht zwischen Liebe und Hass liegen.

Die Meister sagen, dass Krankheiten (wie die Wissenschaft sie definiert) das Ergebnis verschiedener Ungleichgewichte sind, die alle Bewohner der Erde beeinflusst haben. Alles, was Schmerz, Leid oder Trauer verursacht, wurde durch diese negativen, unausgewogenen Energien, die das Ergebnis dieses Ungleichgewichts sind, hervorgerufen. Leider sind wir Menschen für die meisten dieser schweren, niedrig schwingenden Energien selbst verantwortlich.

Die aus dem Gleichgewicht geratenen Energien auf dem Planeten, die sich auf jeden Aspekt unseres Lebens auswirken, lassen sich überall um uns herum entdecken, und wie in einem Glücksspiel können sie jeden von uns treffen. Natürlich gibt es viele Einflussfaktoren, die dies entscheiden, doch wenn heute zum Beispiel ein Baby blind geboren wird, ist dies keine karmische Strafe, sondern vielmehr das Ungleichgewicht auf diesem Planeten, das sein vorgeburtliches Leben bestimmt hat. Das ist der Grund, weshalb zurzeit so viele körperlich und geistig behinderte Kinder geboren werden, denn die Energieverhältnisse auf der Erde geraten mehr und mehr aus dem Gleichgewicht.

Gewaltsame Tode und alles, was Schmerz und Leiden verursachen kann, sind nicht Teil des göttlichen Willens oder überhaupt der Wille irgendeines höheren Wesens. Dunkelheit, Schmerz, Leid, Armut und Elend sind allesamt Umstände, die wir selbst erschaffen haben. Deshalb sind wir die Einzigen, die für diese Ungleichgewichte verantwortlich sind – aber gleichzeitig auch im Stande sind, sie aus der Welt zu schaffen. Und deshalb ist es für uns so wichtig, Verantwortung zu übernehmen dafür, wer wir wirklich sind, und uns mit aller Kraft dafür einzusetzen, zu unserem wahren Wesen zurückzufinden, das wir einst waren.

Jetzt ist der Augenblick für uns gekommen, diese wundervolle Wahrheit wiederzuentdecken, die Tür zu unserem Herzen, zu uns selbst, zu öffnen und ein grenzenloses Universum voller Liebe und Weisheit zu betreten. Wir sollten uns daran erinnern, dass die in diesem Universum lebenden Wesen alle Gesetze und Prinzipien nur zu dem Zweck geschaffen haben, den Weg zur Einheit im Unendlichen für alle Wesen zu ebnen.

Wichtig ist auch, dass wir uns der Hilfe und Orientierung dieser wundervollen Meister bewusst werden und unser Herz nach den Gründen für unsere Lebensumstände befragen. Wir sollten die Fehldeutungen aus alten Zeiten zu Themen wie

Karma und Reinkarnation aus unserem Gedächtnis streichen, denn das Wichtigste ist und bleibt es, unsere Mission zu erfüllen: *glücklich zu sein und andere glücklich zu machen*. Danach sollten wir immer streben, denn dies ist der grundsätzliche Sinn des Lebens.

Egal, welcher Religion oder Glaubensrichtung wir angehören - wir sollten uns immer daran erinnern, dass der Sinn des Lebens nicht Leiden ist und dass der "Weg des Leidens" kein Weg zum Aufstieg ist. Die einzigen Dinge, die uns dazu befähigen werden, sind Liebe und Glück.

Es ist nicht wirklich wichtig zu wissen, wer wir in unserem letzten Leben gewesen sind; wichtig ist, uns daran zu erinnern, dass wir erneut hier sind, um unsere Mission endlich zum Abschluss zu bringen. Und es ist wichtig, uns daran zu erinnern, dass unsere Essenz zeit- und grenzenlos ist; das Wesen selbst stirbt nie.

Wir sollten auch unsere Wurzeln und den eigentlichen Grund nicht vergessen, weshalb wir hier sind: die Aufgabe, die wir von der Schöpfung zugetragen bekommen haben, zu erfüllen. Dies wird uns die Gewissheit geben, dass wir mit unserer Liebe die aus den Fugen und aus dem Gleichgewicht geratene Welt wieder ins Lot bringen können. Und so können wir all den Schmerz und das Leid der Menschheit schließlich aus der Welt schaffen. Es ist an uns, die vollkommene Schönheit der Schöpfung und ihr Licht wieder auf diesen Planeten zu bringen. Wenn wir das uns geschenkte Leben mit Liebe und Mitgefühl "zurückzahlen", wird dies die Erde in einen Ort voller Freude, Glück und Liebe verwandeln - etwas, das wir bisher nicht zugelassen haben.

Wir können dies schaffen, denn in uns lebt eine starke Kraft, die wir bis jetzt nicht eingesetzt haben. Doch unser inneres Wesen schreit förmlich danach, die Wahrheit freizusetzen, die in jedem von uns vorhanden ist, um so zu dem Glück zu gelangen, das der natürliche Zustand von *allem* ist, was im Universum existiert - und damit auf unserem Weg zur Unendlichkeit voranzuschreiten.

Kapitel 5

Engel – wer sind sie?

Ein wichtiger Aspekt dieses Buches ist, mehr über die Meister zu erfahren, über die ich schon von Anfang an sprach. Ihre Gegenwart hier auf der Erde wurde von früheren Zivilisationen in Überlieferungen festgehalten, doch das gesamte Wissen über sie wurde bisher noch nicht offenbart oder als Mythos abgetan - und somit vollkommen abgewertet.

Jeder von uns hat schon einmal von Engeln und ihrer Gegenwart in unserem Leben vom Moment unserer Geburt bis zu unserem Tod gehört. Für viele Menschen sind sie ein Teil der Realität, für andere wiederum nur ein Produkt religiöser Glaubensüberzeugungen. Ihre Gegenwart in unserem Leben ist jedoch durchaus eine Realität, auch wenn dies den meisten von uns entfallen ist oder es unbewusst verdrängt wurde. Es wurde schon viel über sie geschrieben, doch meistens wurden sie als für uns unerreichbare Wesen dargestellt, denn die meisten Menschen betrachten Engel eher als ätherische Wesen, die nur aus Energie und nicht aus Materie bestehen.

Um dies etwas besser zu verstehen, möchte ich kurz auf unsere Sinneswahrnehmungen eingehen. So ist zum Beispiel Materie etwas, das wir mit unseren körperlichen Sinnen wahrnehmen können - im Gegensatz zu immateriellen Dingen oder dem Geist. Wenn wir etwas nicht wahrnehmen können, fassen wir es als immateriell auf; wenn wir wiederum etwas als spirituell betrachten, sehen wir es als von der Materie losgelöst. Dies hat uns zu dem Glauben veranlasst, dass Engel keinen Körper haben und nicht aus einer Form von Materie bestehen, wie sie unseren physischen Körper bildet. Und so haben wir aus ihnen unerreichbare Wesen gemacht und eine strikte Grenze zwischen ihnen und uns gezogen.

Alles, was im Universum existiert, ist Energie und Materie - vielleicht nicht die Form von Materie, die uns vertraut ist, doch immer noch Materie. Die Natur und Dichte dieser Materie ist abhängig von ihrem Entstehungsort. Leider ist unser Planet einer der Orte mit der größten Dichte im Universum, denn unsere Gedanken und unsere Lebensweise bestimmen wichtige Aspekte dieser Dichte.

Unser Körper und alles, was uns umgibt, besteht aus Materie mit einer bestimmten Dichte, die davon abhängig ist, wie negativ oder zerstörerisch unsere Gedanken sind. Menschen mit negativen Gedankenmustern empfinden Materie als dichter und fester, wohingegen Menschen, die eher ein ruhiges, friedliches und glückliches Leben führen, die gegenteilige Erfahrung machen.

Es wurde schon einiges über den sogenannten Astralkörper geschrieben, der nach Angaben vieler Autoren aus ätherischer Materie besteht. Dieser Astralkörper ist unser eigentliches "Fahrzeug" - wenn man es so nennen kann -, doch dieses Fahrzeug besteht nicht aus grobstofflicher Materie wie unser physischer Körper, sondern aus feinstofflicher Materie auf einer höheren Ebene und ist das Zuhause unserer Essenz, unseres eigentlichen Wesens.

Dieser Körper ist zwar ätherischer Natur, aber nicht immateriell oder unfassbar, wie viele glauben. Es ist unser Körper mit der geringsten Dichte, der uns gegeben wurde, um uns die Realität unseres wahren Wesens widerzuspiegeln. Um in unserem physischen Körper das zu erreichen, was wir in unserem Astral- oder spirituellem Körper bereits sind, muss die Kraft der Liebe stark in uns wirken - doch leider leben wir immer noch im Zustand der Trennung.

Unser Astralkörper ist Teil dieser universellen Essenz; er ist unsere Verbindung zum Unendlichen und zur Gesamtheit der Schöpfung. Entgegen der allgemeinen Auffassung, dass wir uns nur in schlaf- oder traumähnlichen Zuständen im Astralkörper befinden, ist dies auch im Wachzustand möglich. Wir haben jedoch die Körper voneinander getrennt, weil wir glauben, sie seien nicht miteinander vereinbar und nur einer dieser Körper könne zu jeder gegebenen Zeit aktiv sein. Doch dies entspricht nicht der Realität.

Wir sind immer ein und dasselbe Wesen mit einer eindeutigen individuellen Präsenz, sowohl in unseren verschiedenen Körpern als auch im Universum. Es trifft zu, dass unser Astralkörper (der Sitz unserer Weisheit und Selbstmacht) zu seinen Wurzeln zurückkehren kann, die ihn mit dem Universum verbinden.

Wenn wir Menschen uns etwas mehr von althergebrachten Regeln und Gedanken lösen könnten, die uns von Generation zu Generation weitervererbt wurden, könnten wir das Wunder unseres wahren Wesens und all dessen, was uns umgibt, erfahren.

Es existieren der Wahrheit entsprechende und ernst zu nehmende Aufzeichnungen darüber, dass Menschen an Orten gesehen wurden, die weit vom Aufenthaltsort ihres physischen Körpers zu jener Zeit entfernt waren. Doch um dies zu erreichen, müssen wir in enger und intensiver Kommunikation mit unseren Herzen sein. Für die gegenwärtig auf diesem Planeten lebenden Bewohner ist dies nahezu unmöglich, doch es gibt einige Menschen, die hierzu im Stande sind, weil sie im Einklang mit sich selbst, ihrer Weisheit und ihrer Umgebung leben. Es ist ihnen möglich, mit anderen Menschen so zu leben und zu kommunizieren, als ob sie sich in einem physischen Körper befänden, denn ihr Astralkörper nimmt materielle Gestalt an, die von anderen Menschen gesehen und berührt werden kann.

Unsere Vorfahren lebten in vollkommener Harmonie mit sich selbst und ihrer Umgebung und konnten ihren Astralkörper deshalb bewusst manifestieren. Es wurde schon eine Menge über die Wirkung bestimmter Pflanzen geschrieben, die unseren Vorfahren dabei halfen, sich mit ihrem universellen Wesen von Ort zu Ort zu bewegen. Doch ging es ihnen dabei nicht nur darum, Hilfe zu erbitten; sie baten Mutter Erde auch um Orientierung und Schutz, um mit ihrem universellen Körper gefahrlos Astralreisen unternehmen zu können. Dies hatte jedoch nichts mit Halluzination oder sonst irgendeiner Form von Sinnestäuschung zu tun; im Gegenteil, sie erlebten vielmehr eine Wiederbegegnung mit ihrem eigenen wahren Wesen, für das keine Grenzen oder Beschränkungen gelten.

Als ich bei einem Aufenthalt in Indien mit einem sehr weisen Meister über dieses Thema sprach, sagte er zu mir: "Als wir Söhne der Mutter Erde geboren wurden, erhielten wir diesen schönen Körper als eine Art 'Willkommensgeschenk' des Planeten. Er verfügt über ausreichend Kraft, Schmerzen zu ertragen und sich ihnen zu widersetzen; er ist intelligent genug, sich das, was die Erde uns gibt, zunutze zu machen, und er hat ein großes Herz, das unsere Verbindung zum 'Unendlichen' und die Quelle dessen ist, was wir sind."

Er fuhr fort: "Dieser sichtbare physische Körper ist die symbolische Abbildung der vier Gesetze und Kräfte, die auf dieser Mutter Erde wirken, und es ist notwendig, mit ihnen in Harmonie zu leben. Deshalb wird uns bei unserer Ankunft hier ein physischer Körper gegeben, und wenn wir ihn bewohnen, fügen wir uns der fünften Kraft, der Kraft des 'Unendlichen' und der universellen Schöpfung. Wir sollten nicht vergessen, dass dieser Körper ein notwendiger Bestandteil zur Erfüllung unserer Mission hier ist, und um sie zu erfüllen, müssen wir mit dem Wesen, das wir innerhalb dieser körperlichen Hülle wirklich sind, leben und es lieben, denn dies sind wir selbst in der universellen Schöpfung."

"Wir erkennen diese Verpflichtung durch das, was wir innerlich und äußerlich sind, an", ergänzte er. "Unsere Vorfahren haben uns gelehrt, wie wir mit unserer irdischen Umgebung harmonisch zusammenleben können, ebenso wie mit unserem universellen Umfeld. Um dies zu tun, nutzen wir die Anleitung unserer Brüder der Natur, denn sie geben uns auf unserer Reise mit dieser irdischen Hülle Schutz und Sicherheit. Ohne sie wären wir auf unserer Reise durchs Universum schutz- und orientierungslos. Doch so werden wir nie den eigentlichen Grund für unser Leben hier und unsere Mission vergessen: das, was uns umgibt, genauso zu lieben wie uns selbst."

Seine Worte brachten mir zu Bewusstsein, dass wir Menschen elementare und bedeutende universelle Prinzipien vergessen haben. Wir sind in diesem Universum gegenwärtig, doch nicht nur in diesem Körper oder dieser bestimmten Identität, denn in unserem ursprünglichen Schöpfungszustand, der Essenz dessen, was wir sind, waren wir schon immer hier. Tatsächlich hat es nie eine Trennung zwischen uns und diesem ursprünglichen Schöpfungszustand gegeben. Bedauerlich ist allerdings, dass uns die Tatsache, dass dieser Zustand Teil unseres Selbst ist, entfallen ist.

Warum ist es so wichtig zu wissen und anzuerkennen, dass unser Astralkörper offensichtlich mehr ist als lediglich unberührbare Energie? Warum sollten wir uns bewusst werden, dass unsere göttliche Essenz in jedem Teil des Universums gesehen und berührt werden kann? Und was hat all dies mit den Engeln zu tun?

Um diese Fragen zu beantworten, sollte ich vielleicht anmerken, dass es sehr wichtig ist zu erkennen, dass wir nicht nur ein Körper, ein Geist oder eine Form von Energie sind; wir sind all dies, doch wir sind auch Wesen mit unbegrenzten Fähigkeiten, die wir zu ignorieren versucht haben. Es gibt keine Grenzen irgendwelcher Art – nur die, an die wir glauben. Deshalb sollten wir uns dieses Teils unseres Wesens, der in Vergessenheit geraten ist, bewusst werden, denn es ist von grundlegender Bedeutung, dass wir für uns selbst das Wunder unserer Schöpfung entdecken. Wenn wir dies tun, werden wir feststellen, dass wir alle im Grunde ein und dasselbe Wesen sind. Doch wir haben einerseits einen physischen Körper, der an Begrenzungen "glaubt", und andererseits einen weiteren, der über unendlich viele Möglichkeiten der Schöpfung und Manifestation verfügt.

Unsere Träume, in denen wir im Stande sind zu fliegen oder uns unbekannten Menschen zu begegnen, die uns emotional stark berühren, sind nicht nur die Produkte unseres Geistes; sie sind Zeichen, die uns diese Realität, unsere universelle Realität, vor Augen führen wollen. Doch leider nehmen wir diese Zeichen kaum war, weil wir ihnen wenig Bedeutung beimessen und sie schon nach kurzer Zeit vergessen.

Wenn wir uns unseres wirklichen Wesens, das wir oft unbeachtet lassen, bewusster werden, gibt uns dies die Gelegenheit, das, was wir als unsere Engel bezeichnen, zu verstehen und anzuerkennen. Unser Nichtwissen um diesen feinstofflichen Körper auf einer höheren Ebene der Materialität, der uns zu eigen ist, lässt uns zu der Annahme kommen, dass Engel immaterielle Wesen sind, die folglich unsichtbar und unberührbar sind.

Die Engel - wie sie schon seit Jahrtausenden genannt werden - sind Wesen mit großer Weisheit und Liebe, die schon immer an unserer Seite waren und versucht haben, unsere Freunde und Ratgeber zu sein. Diese Engel haben einen physischen Körper, und genau wie wir haben sie die Mission, glücklich zu sein und andere glücklich zu machen - und sie widmen ihr Leben voll und ganz dieser Aufgabe. Auch wenn ihre physische Erscheinung nicht so grobstofflich ist wie unsere, besitzen sie doch dieselbe Art von Körper wie wir Menschen. Deshalb ist es gar nicht so schwer, ihre Anwesenheit zu bemerken, wenn wir mit unserer eigenen feinstofflichen Essenz verbunden sind. Doch die Bilder und Darstellungen, die wir von ihnen geschaffen haben, haben es uns erschwert, sie zu erkennen.

Vor vielen Jahrhunderten war die Gegenwart dieser wundervollen Wesen ein Teil der alltäglichen menschlichen Erfahrung. Doch als wir sie zu einem Mythos verklärten und ihnen "himmlische und magische Kräfte" zusprachen, wurde beschlossen, ihnen ein anderes Erscheinungsbild zu geben, weil der Mensch nach und nach seine Verbindung zu dieser universellen Realität und zum Unendlichen verlor. Als wir unsere Fähigkeit vergaßen, unsere Essenz und Weisheit anzuerkennen und nach ihr zu leben, begannen wir, das wahrhaft Magische als Fantasie abzutun - und so verloren wir auch den Kontakt zum Zauber all dessen, was uns umgibt. So verloren wir den Zugang zur ursprünglichen Wahrheit und setzten an ihre Stelle eine vermeintliche "Wahrheit", die bis zum heutigen Tage vorherrschend ist.

Dies war zweifellos der Beginn einer Entwicklung, bei der unsere Engel - die bis dahin unsere real existierenden Freunde und Ratgeber waren - zu mythologischen und unberührbaren Wesen verklärt wurden. Und selbst Menschen, die noch an Engel glauben, sind der Auffassung, dass es schwierig ist, mit ihnen in Verbindung zu treten, oder dass sie vielleicht nie im Stande sein werden, Engel zu sehen oder zu berühren. Doch das Gegenteil ist der Fall: Unsere Engel suchen nach Mitteln und Wegen, mit denen ihre Gegenwart für uns wahrnehmbar wird.

Vielleicht ist es gar nicht so wichtig, sie in physischer Form sehen oder berühren zu können, als vielmehr zu wissen, dass sie vollkommen reale Wesen sind - und dass sie genauso leben und fühlen wie wir. Doch je mehr wir glauben, sie seien unerreichbare oder nur in der Fantasie existierende Wesen, desto mehr Hindernisse errichten wir zwischen uns und unserer bewussten Verbindung mit den Wundern des Unendlichen und des Universums.

Ich halte es für notwendig, über diese Dinge zu meditieren, denn durch die künstlich geschaffenen Trennungen und Begrenzungen unseres Wesens haben wir - zumindest auf bewusster Ebene - den Kontakt mit Wesen von großer Liebe und Weisheit, die immer an unserer Seite standen, verloren. Und damit ist uns auch ein Teil unseres Wesens und unserer Verbindung mit dem universellen Leben verloren gegangen.

Unsere Engel, die übrigens fälschlich mit Flügeln dargestellt werden, kämpfen darum, uns zu unserer Freiheit zu führen, uns daran zu erinnern und uns bewusst zu machen, dass es so etwas wie Grenzen oder Beschränkungen nicht gibt, ebenso wenig wie Angst oder Hass. Das Einzige, was wirklich existiert, ist Liebe, das Erste Universelle Gesetz - die Wahrheit, die wir so gern verdrängen wollen. Unsere Engel führen uns genauso, wie es ein großer Bruder oder unser bester Freund tun würde - nur von uns unbemerkt. Sie sind unsere Meister, die uns zu etwas hinführen wollen, das sich bereits in uns befindet: die Weisheit unseres Herzens.

Dies ist der Grund, weshalb - wenn ich das Vergnügen habe, mich in der Gegenwart der Meister zu befinden - ich weiß, dass sie unsere Schutzengel gewesen sind, die uns nie im Stich gelassen haben und die fortgesetzt darum kämpfen, dass wir eines Tages alle im Stande sein werden, zu einer neuen Realität zu erwachen, die im Moment noch als Fantasie abgetan wird. Und das ist auch der Grund, warum wir uns von unseren selbstauferlegten Beschränkungen lösen und die Schleier zerreißen sollten, die uns daran hindern, die Wahrheit zu erkennen - und alles zurückzuweisen, was uns von unseren universellen Brüdern trennt.

Die Mission unserer Engel ist sehr umfangreich und tiefgreifend, und ich glaube, dass selbst zehn Bücher nicht ausreichend wären, um die bedeutende Arbeit, die sie zu unserem Nutzen verrichten, auch nur ansatzweise zu beschreiben. Doch das Wichtigste ist, den ersten Schritt zu machen und zu entdecken, dass ihre Gegenwart unter uns real und greifbar ist und dass unsere Engel - obwohl von uns vollkommen unbemerkt - als Freunde und Beschützer immer an unserer Seite sind.

Unsere Darstellungen der Engel mit Flügeln und all dem anderen, was wir mit ihnen identifizieren, ist eher ein Zeichen unserer "Freiheit der Gestaltung", einer Freiheit als bewusstes Wesen, zu der sie uns führen wollen, sodass wir schließlich im Stande sind, unsere wundervolle Herkunft anzuerkennen und entsprechend zu leben. Dies gestattet uns, unseren Körper von unnötigen Lasten zu befreien, um so von einem dichten zu einem lichten Wesen zu werden und uns somit an unserer universellen Essenz und Weisheit zu erfreuen. Dann erleben wir das Wunder, mit Wesen zusammenzuleben, deren Liebe allumfassend und bedingungslos ist, die sich unserem Wohlergehen widmen und uns an unsere eigene Mission der Liebe und des Glücks erinnern - und somit ihre eigene wundervolle Mission erfüllen. Öffnen wir also die Tür zu unserem wahren Wesen, beseitigen wir alle Hindernisse und empfangen wir unsere geliebten Meister-Engel mit offenen Armen.

Kapitel 6

Dies sind unsere Meister

Nach siebzehn Jahren des Zusammenlebens und gemeinsamer Erfahrungen mit den Meistern bin ich überzeugt davon, dass ihre Gegenwart für uns, die Kinder dieser Mutter Erde, von großer Bedeutung ist. Ihre Arbeit wurde - wie ich schon vorher erwähnte - herabgesetzt, in Abrede gestellt oder einfach unbeachtet gelassen. Ihre Mission ist jedoch klar und eindeutig: uns zu helfen, zu unserer eigenen Essenz und Weisheit zurückzufinden und dadurch auf dem Weg der Liebe und des Glücks voranzuschreiten.

Nur wenige von uns sind bestrebt, Lösungen für die Probleme der Menschheit zu finden, geschweige denn, ihr Liebe zu schenken. Im Verlauf der Geschichte unseres Planeten haben wir den Respekt vor uns selbst und unserer Umgebung verloren und mit unserem Verhalten großen Schaden verursacht - und noch immer halten wir an dieser Einstellung fest. Von daher ist es nicht verwunderlich, dass Wesen mit großer Liebe und Weisheit, die Zeugen unseres Leids und unserer Verwirrung sind, uns helfen wollen, auf den rechten Weg zurückzufinden.

Jeder von uns, der seinen Bruder von ganzem Herzen liebt, wäre im Stande, sein eigenes Leben für das seines Bruders zu opfern, nur um ihm zu helfen, den Weg des Lichts zu finden. Und dies ist genau das, was die Meister schon seit so langer Zeit tun. Doch ihre Mission der Hilfe und Unterstützung für uns ist den meisten Menschen nahezu unbekannt oder weit entfernt von der vermeintlichen "Realität", in der wir leben.

Doch es entbehrt jeder Logik, etwas, das so klar und eindeutig ist wie die Gegenwart der Meister, immer noch abzustreiten; alles, was wir tun müssen, ist, die Überlieferungen unserer Vorfahren zu studieren und Begriffe wie "Mythologie", "Glaube", "Fantasie" und "Aberglaube" aus unserem Wortschatz zu streichen. Diese Vorstellungen dienten dazu, eine Wahrheit zu leugnen, die jahrtausendelang verborgen gehalten und durch vorgefertigte Wortbedeutungen verzerrt wurde - nur weil wir dazu neigen, alles mit Nichtbeachtung zu strafen, das wir nicht begreifen. Dies hat uns weit vom Weg abkommen lassen - nicht nur von dieser magischen und wundervollen Realität, sondern auch vom Weg unseres Selbst, bis hin zu dem Punkt, dass wir überhaupt nicht mehr wissen, wer wir eigentlich sind.

Wenn wir diesen Teil unseres Wesens anerkennen und uns für ihn und die Realität der Gegenwart von Wesen mit großer Liebe und Weisheit öffnen, erschließen wir uns etwas, das uns zuvor unbekannt war und uns in Erstaunen versetzen wird, wenn wir es für uns entdecken. Gleichzeitig wird uns dies ein Gefühl von Freiheit und Grenzenlosigkeit geben, und wir werden schließlich im Stande sein, das Wunder unserer magischen Schöpfung, die uns umgibt, mit allen Sinnen wahrzunehmen.

Mein Wunsch ist es, mit diesem kleinen Buch dem Leser das zu vermitteln, was ich in den letzten Jahren gelernt habe, und zwar ohne Dogmen und Doktrinen, denn was ich hier wiedergebe, stellt die Essenz jeder religiösen Praxis oder philosophischen Lehre dar.

Die Meister geben ihre Lehren, Ratschläge und ihre Liebe uneingeschränkt allen Menschen und Lebewesen, und wir alle haben das Recht zu wissen, dass es Wesen unter uns gibt, die uns diese allumfassende Liebe schenken. Ihre einzige Aufgabe ist es, uns mit ihrem Licht zu unserem eigenen zu führen. Für sie stellt ihre Arbeit kein Opfer dar; was sie tun, tun sie aus grenzenloser Freude und Hingabe. Deshalb trägt dieses Kapitel den Titel "Dies sind unsere Meister", denn ich möchte an dieser Stelle einen kleinen Teil der wundervollen und weitreichenden Arbeit, die sie seit Jahrtausenden verrichten, vorstellen.

Um das, was ich hier nun über jeden der Meister schreibe, zu Papier bringen zu können, musste ich den größten Teil der letzten Jahre in enger Gesellschaft mit ihnen verbringen und mir ihre Lehren Schritt für Schritt aneignen. Vor allem musste ich aber einen Weg finden, etwas so Wundervolles und nahezu Unbeschreibliches wie ihre Arbeit in allgemeinverständliche Worte zu fassen.

Natürlich haben mir die Worte eines so wunderbaren Meisters wie Nintancito dabei geholfen, wenn er sagt: "Sei glücklich, lebe in deiner Essenz und lass dein Herz dein Ratgeber, dein Wegweiser und die grenzenlose Kraft deines Wesens sein. Die Worte deines Herzens werden Worte der Weisheit sein und die Herzen all jener berühren, die sich dieser Wahrheit öffnen und aus ihrer Mitte heraus leben ... Und so werden sie das Wichtigste, ihr innerstes Wesen und ihre Weisheit, für sich entdecken und danach leben ..."

Diese wundervollen Worte waren für mich die ganze Zeit meine Richtschnur und gaben mir die Kraft, mich dieser Aufgabe zu widmen. Doch wichtiger als fehlerlose Rechtschreibung und Grammatik war für mich, mit all meinem Herzen, meiner Liebe und Bewunderung die inspirierende Botschaft der Meister durch dieses Buch zu vermitteln. Und ich hoffe, ich kann damit einen Beitrag dazu leisten, dass diese wundervolle Wahrheit nicht weiter unbeachtet gelassen wird - eine Wahrheit, die uns für die Zukunft Hoffnung und Zuversicht geben wird.

Meisterin Dcim, die Meisterin der Kinder

Diese wundervolle Meisterin erfüllt ihre Mission an verschiedenen Orten auf unserem Planeten. Ihre Hauptaufgabe ist es, den Kindern unserer Erde zu helfen. Sie trägt Verantwortung dafür - zusammen mit vielen weiteren Meistern -, jedem Kind Hoffnung, Licht und Liebe zu bringen. Dabei konzentriert sie sich vor allem auf Mädchen und Jungen, die in ihrem Leben Schmerzen oder Trauer erleiden.

Ihre Mission ist allerdings durch den Mangel an Möglichkeiten, mit denen sie ihre Liebe bekunden kann, begrenzt, denn leider haben wir Menschen in Bezug auf die Kommunikation mit diesen Meistern große Hindernisse errichtet. Für viele Menschen wäre ihre Arbeit und die anderer Meister mit den sogenannten Schutzengeln vergleichbar, die meistens von Kindern gesehen oder gefühlt werden. Dies gibt den Meistern die Gelegenheit, Freundschaft mit diesen Kindern zu schließen und ihnen zu helfen, den Weg der Hoffnung und des Glücks weiterzubeschreiten.

Die Zeit meines Zusammenseins mit dieser Meisterin war wunderbar, lehrreich und voller leuchtender Beispiele für Wissen und Stärke, weil sie sich wie alle Meister mit unglaublicher Hingabe für unsere Kinder einsetzt. Für die Meister ist die Kindheit von grundlegender Bedeutung für die Entwicklung des Menschen, doch leider ist dies ein Zeitabschnitt, in dem wir den Kindern ein Weltbild vermitteln, das sehr von der Realität abweicht. Wir Erwachsenen versuchen ihnen unsere "Realität" zu vermitteln, doch das Ergebnis ist, dass wir uns dadurch nur noch weiter von unserer Essenz wegbewegen.

Deshalb besteht die Lektion dieser Meisterin darin, unseren Kindern auf sanfte Weise ihr wahres Wesen und die Wahrheit über ihr Umfeld nahezubringen. Dies ist natürlich von den Umständen abhängig, in denen das Kind lebt, denn meistens sind es wir Erwachsene, die sich dem Kontakt zu diesen Meistern verschließen.

Die Mission der Meister, die ihr Leben und ihre Arbeit der Unterstützung unserer Kinder gewidmet haben, ist von großer Bedeutung, auch wenn ihr bewundernswertes Schaffen nicht so leicht zu erklären ist. Die meisten von uns Erwachsenen lenken die Schritte unserer Kinder auf den Weg, den wir selbst beschreiten, und dieser Weg ist mit vielen Fehlern und Irrtümern behaftet. Und da unsere Kleinen durch Nachahmung lernen, laufen sie Gefahr, unsere Fehler und Irrtümer zu wiederholen.

Kinder sind sehr wissbegierig, wenn es darum geht, die Welt um sie herum zu erforschen, und nur allzu oft sind wir Erwachsenen nicht darauf vorbereitet, sie weise zu lenken und zu unterweisen. Dann treten die Meister auf den Plan und versuchen, im Alltagsleben mit Hilfe des Astralkörpers in das Leben dieser Kinder zu treten, um ihnen das Licht, die Weisheit und die Kraft ihres Wesens zu bewahren, sodass sie später im Stande sind, mit ihrer inneren Weisheit ihren eigenen Weg zu finden.

Viele von uns haben - wenn auch nur in unseren Erinnerungen - vielleicht einmal ein uns unbekanntes Gesicht gesehen, das für uns zu jenem Zeitpunkt von großer Bedeutung war, weil es uns mit einem Lächeln Unterstützung und Liebe geschenkt hat. Wie viele unserer Kinder oder von uns selbst haben schon einmal einen magischen Moment erlebt? Es fällt uns schwer, eine Erklärung für solche Augenblicke zu finden, und deshalb zogen wir es vor, den Schleier des Vergessens darüberzulegen. Doch wie viele solcher magischen Momente haben wir aus genau diesem Grund unbeachtet verstreichen lassen? Es gibt immer einen triftigen Grund dafür, weshalb diese bedeutenden Momente in unser Leben treten.

Es wurde schon viel über diese - zumindest für Erwachsene - "unsichtbaren" Freunde geschrieben und berichtet. Sie erscheinen Kindern und helfen ihnen, spielen mit ihnen und sprechen mit ihnen über Dinge, über die wir Erwachsenen vielleicht kein Wort mehr verlieren. Für viele Eltern waren und sind diese "unsichtbaren Freunde" ihrer Kinder ein Anlass zur Besorgnis, denn es ist ihnen unmöglich, die Existenz solcher Wesen anzuerkennen und entsprechend mit ihnen umzugehen.

Die erste Reaktion eines Erwachsenen auf dieses Phänomen ist Angst - die Befürchtung, dass das Kind vielleicht ein emotionales Trauma erlitten hat oder unter dem Einfluss einer negativen Entität steht (was keinesfalls ausgeschlossen werden sollte, doch die Haltung des Kindes wird Aufschluss darüber geben, was es wirklich ist). Eltern handeln dann auf vielerlei Weise, um dies zu "korrigieren"; sie schicken ihre Kleinen zu einem Kinderpsychotherapeuten, und nur allzu oft versucht dieser, das Kind davon zu überzeugen, dass es sich bei seinen Wahrnehmungen nur um Fantasiegebilde oder Einbildung handelt. Die Kinder fühlen sich dann natürlich veranlasst, ihre Erfahrungen für sich zu behalten oder gar Angst vor den sogenannten "Freunden" zu haben und somit jeglichen Kontakt zu diesen freundlichen Meistern abzubrechen.

Meisterin Dcim ist eine Frau, die so viel Frieden und Liebe ausstrahlt, dass es mir nicht leichtfällt, sie zu beschreiben. Ihre

Liebe und Hingabe zu unseren Kindern ist grenzenlos, und sie ist nur eine von Tausenden von Meistern rund um unseren Planeten, die dieselbe Aufgabe für unsere Kinder erfüllen. Sie sind unentwegt aktiv, denn das Leid, das Millionen von Kinder auf unserem Planeten aufgrund eines Mangels an Liebe, Verständnis, Nahrung und eines fehlenden Obdachs ertragen müssen, ist einfach zu viel.

Die Gegenwart dieser Meister hat jedoch etwas verändert, das für uns nur schwer wahrnehmbar ist. Nicht nur, dass ihr Liebesdienst etwas ist, das wir nie vergessen sollten; vielmehr sollten wir selbst uns ihnen in dieser Aufgabe anschließen, denn obwohl viele Menschen auf diesem Planeten dieselbe Aufgabe erfüllen, ist dies doch bei weitem noch nicht ausreichend.

Zunächst sollten wir uns bewusst sein, dass das Wichtigste für unsere Kinder nicht intellektuelle Erziehung und physische Nahrung ist, sondern Liebe, Zuspruch und Orientierung im Leben. Wir sollten Kinder stärker mit ihrem wahren Wesen vertraut machen, sodass sie später die Grenzen überschreiten können, an die wir Erwachsenen noch glauben. Dies ist eine ganz grundlegende Aufgabe, die aber leider den meisten Erwachsenen entfallen ist. Deshalb versuchen unsere liebevollen Meister, ihre Mission zu erfüllen und diesen Fehler zu beheben, doch meistens geben wir ihnen nicht die Gelegenheit dazu.

Vor einiger Zeit befand ich mich an einem wunderschönen Ort, an dem diese Meisterin sich gegenwärtig aufhält, um die Hilfe und Unterstützung für die Kinder zu lenken. Ich bat sie um Erlaubnis, ihr ein Kapitel in diesem Buch widmen zu dürfen, und sie willigte sofort ein. So hatte ich also die Gelegenheit, mit ihr Zeit zu verbringen und ein tieferes Verständnis für ihre Mission zu erlangen - und Zeuge ihrer grenzenlosen Hingabe für unsere Kinder sein zu dürfen.

Es ist nicht einfach, auf wenigen Seiten zu beschreiben, wie allumfassend und bedeutsam die Mission ist, der die Meister sich verschrieben haben. Ich hoffe jedoch, dass das, was ich hier schreibe, der Schlüssel zum Öffnen des Herzens eines jeden Menschen sein könnte, um zu begreifen, was sich nur schwer in Worte fassen lässt – und doch im Herzen eines jeden Menschen als innere Weisheit vorhanden ist.

Ich erinnere mich noch, dass Meisterin Dcim mir erzählte, wie wichtig es sei, unseren Kindern nahe zu sein und dabei auch Zugang zu unserem eigenen Wesen, unserer Essenz, zu finden. Sie sagte mir, der Schmerz, den viele Kinder auf diesem Planeten erleiden müssen, sei einfach zu viel. Millionen von Kindern leben in Krisen- und Kriegsregionen in unmittelbarer Lebensgefahr, sie leiden unter Krankheiten sowie körperlichem und seelischem Missbrauch durch Erwachsene, die in ihrer Kindheit selbst Opfer von Missbrauch, Hass und Gewalt waren.

Um diesem immensen Leid unserer Kinder ein Ende zu setzen, so fügte sie hinzu, sei es wichtig, dass wir Erwachsene versuchen, unser Verhalten zu ändern, denn es ist unsere Aufgabe, unseren Kindern Halt und Orientierung zu geben.

Ich erinnere mich auch an eine herzbewegende Geschichte, die sie mir mit Bekümmerung erzählte: "Es ist notwendig, dass ihr Kinder dieser Mutter Erde eure Herzen und Augen für die himmelschreienden Ungerechtigkeiten öffnet, die liebende Wesen wie Kinder überall auf der Welt erfahren. Sie haben nur deshalb so viel Leid ertragen müssen, weil die Erwachsenen, die eigentlich ihre liebevollen Lenker und Unterstützer sein sollten, ihrer Aufgabe nicht nachkamen und blind für die Bedürfnisse der Kinder waren. Jeden Tag erschallen rund um den Planeten so viele Rufe von Kindern nach Hilfe und Liebe, dass wir gerne mehr für sie tun würden. Doch es gibt so viele von

Erwachsenen aufgestellte und nahezu unüberwindliche Hindernisse, dass wir sehr betrübt sind, unsere Aufgabe nicht so erfüllen zu können, wie wir es gerne täten. Die Bedürfnisse eurer Kinder zu erfüllen ist viel einfacher, als ihr euch vorstellt; alles, was ihr tun müsst, ist, sie zu lieben und zu lernen, mit ihnen zu lachen."

Sie fuhr fort: "Ich erinnere mich an einen neunjährigen Jungen, der von frühester Kindheit an viel Gewalt und Missbrauch erlebt hatte, weil seine Eltern nicht im Stande waren, ihm die Liebe zu schenken, die er gebraucht hätte. Er hatte große Schwierigkeiten, mit seiner Umgebung in Kontakt zu treten und sich mitzuteilen. Wenn er allein war, führte er Gespräche mit seiner Kleidung, seinem Bett und seinen Händen; er brauchte das Gefühl, dass jemand ihn liebt und dass diese Liebe nicht plötzlich in Gewalt umschlägt. Seine Eltern sprachen immer davon, wie sehr sie sich und ihren Sohn lieben - doch was er erlebte, war Gewalt, Willkür und Brutalität, oft auch gegen ihn gerichtet."

"Er wurde von Tag zu Tag trauriger," erzählte sie weiter, "und aufgrund seiner Kontaktarmut wurde er als autistisch eingestuft. Dies verschärfte die Situation zu Hause noch mehr; seine Eltern wurden ihm gegenüber noch brutaler und gewalttätiger, weil sie glaubten, der Junge lebe in einer anderen Welt oder begreife einfach nicht, was um ihn herum vor sich geht."

"Der Junge litt schrecklich unter diesen Verhältnissen", sagte sie. "Er suchte Hilfe, Hilfe von irgendjemandem oder -etwas, und er führte deshalb, wie ich schon erwähnte, Gespräche selbst mit seiner Kleidung und anderen Dingen. Und das machte es mir eines Abends möglich, an ihn 'heranzukommen'. Doch gelang mir dies erst mit viel Mühe, denn er war aufgrund des Hasses und der Gewalt, der er tagtäglich ausgesetzt war, sehr verschlossen. Und so fiel es ihm natürlich auch schwer, an etwas Magisches oder Zauberhaftes zu glauben. Doch schließlich 'erreichte' ich ihn, und er wirkte darüber gar nicht überrascht, denn er hatte die Gewissheit, dass irgendwann jemand seinen Hilferuf erhören würde."

Sie fuhr fort: "Ich setzte mich neben ihn, umarmte ihn in meinem Herzen und gab ihm Kraft und Liebe. Er begann zu weinen, klammerte sich ängstlich und verzweifelt an mich und sagte: 'Ich wusste, du würdest kommen; ich weiß nicht, wer du bist, aber ich weiß, dass du mir helfen kannst. Ich habe Angst und möchte von hier weg. Bring mich bitte zurück zu dem Ort, wo ich vor meiner Geburt war. Alles, was ich von meinen Eltern wollte, war ein Lächeln und eine liebevolle Umarmung; ich wollte nur, dass sie mich so lieben, wie ich sie liebe. Aber ich bin ihnen offensichtlich vollkommen egal, und deshalb möchte ich diesen hässlichen Ort verlassen. Er jagt mir Angst ein. Bitte hilf mir!'"

"Dies waren die Worte des kleinen Jungen", sagte sie, "und kaum hatte er dies gesagt, kam sein Vater wutentbrannt und mit hasserfüllten Augen in den Raum, weil er sich durch das laute Weinen des Jungen gestört fühlte. Er war so blind vor Wut, dass er mich überhaupt nicht wahrnahm. Mit zitternder Stimme erzählte ihm der Junge, dass ein Engel gekommen wäre, um ihn zu retten, und dass er von hier weggehen würde. Trotzdem, so fügte er hinzu, würde er seinen Vater und seine Mutter immer lieben. Dies brachte seinen Vater jedoch nur noch mehr auf; mit lauter Stimme schrie er den Jungen an, dass er sich dies alles einbilde und endlich still sein solle."

Meisterin Dcim beschrieb dann, was mit dem Vater geschah: "Sein Herz versuchte ihm zu sagen, dass er mit seiner Haltung gegenüber dem Jungen und der Situation die Dinge nur noch schlimmer machte, doch er zeigte sich vollkommen unbelehrbar und abweisend. Ich konnte meine Anwesenheit in dieser aggressiven Atmosphäre nicht mehr aufrechterhalten;

die Hass- und Wutgefühle des Vaters versperrten mir jede weitere Möglichkeit, mit dem Jungen in Kontakt zu bleiben. Ich verließ das Zimmer des Jungen, gab ihm aber vorher noch einen Teil meiner Kraft und die grenzenlose Liebe des Universums, sodass er Energie und Hoffnung schöpfen konnte, sein schmerzvolles Schicksal zu überwinden. Dieselbe Energie schickte ich danach auch seinem Vater, sodass auch er wieder in sein Herz zurückfinden möge."

"Als ich den Raum verließ, blieb ein Teil von mir dort", erzählte sie weiter. "Der Schmerz des Jungen war so stark, und was ich tun konnte, um ihm zu helfen, war so wenig, dass ich zum ersten Mal das Gefühl spürte, das ihr Kinder dieser Erde 'Trauer' nennt. Wir kennen Gefühle dieser Art nicht, doch wenn wir uns in eure Welt begeben, die nach euren Gesetzen funktioniert, erleben wir diese schmerzvollen Situationen und lernen, diese Gefühle wahrzunehmen und sie schrittweise durch Gefühle des Glücks und der Freude zu ersetzen, denn nur so ist es möglich, den Bewohnern dieses wundervollen Planeten wirklich zu helfen."

Nachdem Meisterin Dcim mir dies erzählt hatte, sah ich Trauer in ihren Augen, und ich war zutiefst berührt. Ich fragte sie, was mit dem kleinen Jungen dann geschehen war, und sie antwortete: "Sein Herz und meines sind weiter in Verbindung, wie es bei allen Wesen auf dieser Erde der Fall ist, und wir sind weiterhin in Kontakt, auch wenn es schwer für ihn ist, sich dessen bewusst zu sein - wegen der ständigen Angst, in der er lebt."

"Der bewusste physische Kontakt zu ihm ist schwierig, wie bei vielen anderen Kindern, weil es so viele Hindernisse zwischen uns und ihnen gibt", erklärte sie. "Doch wenn Kinder schließlich in den Schlaf gefunden haben und ihre Ängste in den Hintergrund treten, verstärkt sich unsere Verbindung; dann versuchen wir, ihnen Liebe und Freude zu schenken, um sie von ihren Ängsten und Schmerzen zu befreien. So schaffen sie es, selbst unter widrigen Umständen neuen Lebensmut zu schöpfen."

Sie fuhr fort: "Bei unseren Begegnungen achten die Kinder meistens nicht darauf, wen sie da vor sich haben; für sie bin ich dann einfach eine Frau, die ihnen ein liebevolles Lächeln und etwas Süßes schenkt, oder jemand, der ihre Schmerzen mit Worten des Zuspruchs und der Hoffnung lindert - oder eine hilfreiche Hand, die ihnen hilft, wieder aufzustehen, wenn sie gefallen sind. Wir verrichten diesen Liebesdienst mit unserer grenzenlosen Essenz, doch leider stoßen wir dabei nur allzu oft an unsere Grenzen - aus Gründen, die ich dir schon nannte. Was ich sagen möchte, ist: Eure Kinder leiden, sie sind orientierungslos und wissen nichts über ihr wahres Wesen und den Grund für ihr Dasein auf diesem Planeten. Sie sind verwirrt und beunruhigt, und das tut ihnen nicht gut."

"Es ist wichtig, den Kindern dieser Erde Hilfe und Orientierung zu geben", fügte sie hinzu. "Nur ihr, die ihr das Schicksal eines jeden Jungen und Mädchens auf diesem Planeten in der Hand haltet, könnt ihnen den Weg zu ihrem wahren Wesen zeigen. Mit unserer Gegenwart hier können wir eigentlich nur versuchen, euch zu zeigen, was ihr nach wie vor nicht sehen wollt. Und in manchen Fällen können wir euch die Augen öffnen, sodass ihr einen Teil der Wahrheit erblicken könnt. Aber wir können nicht in euer Schicksal eingreifen, denn nur ihr bestimmt, welchen Weg ihr schließlich gehen wollt."

"Unsere Mission ist, euch Zeichen zu geben, sodass ihr wisst, in welche Richtung ihr gehen müsst", ergänzte sie, "doch ihr entscheidet, ob ihr dem von uns gezeigten Weg folgen wollt. Alles, was wir euch zeigen wollen, ist, dass es noch so viel zu entdecken gibt, und wenn ihr euch auf diese

Entdeckungsreise begebt, wird eure Zukunft und die von Mutter Erde und ihren Kindern von Glück und Freude erfüllt sein."

Die Worte von Meisterin Dcim machten mir bewusst, dass es jetzt an der Zeit ist, unser Leben in die eigene Hand zu nehmen und unserer Verantwortung als universelle Wesen gerecht zu werden. Die Hilfe der Meister steht uns überall zur Verfügung, selbst in den unvorstellbarsten Situationen. Doch sollten wir ihrem Liebesdienst für unsere Kinder Anerkennung zollen – und dies kann für jeden von uns nur über den Weg des Herzens erfolgen.

Jeder von uns auf diesem Planeten hat mit Sicherheit schon einmal etwas von der bedingungslosen Liebe, die diese Meister ausstrahlen, gespürt. In unserer Kindheit haben wir viele unerklärliche Erfahrungen gemacht; manche von ihnen waren schmerzvoll, doch ich weiß nun, dass das Licht und die Liebe der Meister uns immer den richtigen Weg gezeigt haben und es bis zum heutigen Tage tun. Sie sind immer bestrebt, uns Hoffnung und Vertrauen zu geben, sodass wir diese Hoffnung und dieses Vertrauen an die Kinder weitergeben – angefangen mit unseren eigenen.

Ich erinnere mich auch noch an die folgenden wundervollen Worte von Meisterin Dcim: "Alles, was ihr tun müsst, ist, an eure Kinder zu denken und ihnen fürsorgliche Aufmerksamkeit zu schenken. Damit macht ihr ihnen und euch selbst ein Geschenk der Liebe, das eure Welt in die Welt verwandelt, von der all eure Kinder träumen. Dann bleibt diese Hoffnung nicht mehr nur ein Traum, sondern wandelt sich zu einer wundervollen Realität."

Wenn uns also jemand eines Tages ein liebevolles Lächeln schenken oder uns in unserer Trauer trösten würde, oder wenn ein uns unbekannter Mensch uns sagte; "ihr seid Wesen ohne

Grenzen, die sogar den Mond erreichen können", dann können wir sicher sein, dass Wesen wie Meisterin Dcim und andere Meister immer an unserer Seite waren und es weiterhin sein werden.

Meister Lazmew, der Meister der Kunst

Eine der außergewöhnlichsten Ausdrucksformen der Essenz und des Empfindungsvermögens unseres inneren Wesens ist zweifellos die Kunst. Die verschiedenen Arten künstlerischen Ausdrucks sind eine klare und echte Reflexion unseres wahren Wesens sowie unserer Gefühle und Gedanken, die in unserer Essenz lebendig sind. Deshalb ist Kunst für die Meister die Sichtbarwerdung, der Ausdruck und die universelle Kommunikation unseres Geistes, die uns auf Wege führt, die uns bisher noch unbekannt sind, die uns aber zu unseren wahren Wurzeln führen.

Liebe, Mitgefühl und Glück finden ihren Ausdruck am klarsten und deutlichsten in der Kunst, die auf diesem Planeten geschaffen wurde. Seit Anbeginn der Zeit hat der Mensch seine Gefühle und Gedanken durch diese universelle Sprache in Form von Malerei, Bildhauerei, Musik, Tanz, Gesang und vielen anderen Mitteln zum Ausdruck gebracht - und damit Werke erschaffen, die die Kreativität des Menschen jenseits von Wörtern und Sprache unterstreichen.

Die Kunst stellt im Grunde eine Form des Zugangs zu unserem Universum als auch zu dem äußerlichen und innerlichen Unendlichen dar; vielleicht ist dies auch der Grund, warum wir in diesen Ausdrucksformen die Hilfe und Gegenwart vieler Meister erkennen können. Einer von ihnen, dessen Aufgabe es ist, diese Ausdrucksformen zu unterstützen und zu lenken, ist

Meister Lazmew. Er beherrscht die Kunst des Tanzes in allen Disziplinen, auch wenn er sich am liebsten dem widmet, was wir als Ballett bezeichnen. Seine Mission konzentriert sich darauf, jedem Menschen auf der Welt zu helfen, der um Hilfe bittet, wobei er sich der verschiedenen künstlerischen Ausdrucksformen bedient, die dem Menschen verfügbar sind - auch wenn seine Gegenwart in den meisten Fällen nicht wahrgenommen oder seine Mission nicht beachtet wird. Außerdem gibt es übrigens noch Tausende von anderen Meistern rund um den Planeten, die genau dieselbe Arbeit verrichten.

Die Mission von Meister Lazmew richtet sich hauptsächlich darauf, diese verschiedenen Formen künstlerischen Ausdrucks gerade dort anzuregen, wo sie vernachlässigt wurden oder brachliegen, denn für die Meister ist die Kunst eine sehr wirkungsvolle Form von Therapie, die ein Einssein mit dem Herzen herbeiführen kann sowie mit allem, was diese Welt bewohnt - und natürlich mit dem Universum.

Für mich spielt die Kunst in verschiedenen Bereichen des Lebens eine sehr bedeutende Rolle. Sie hilft mir, mich und die Realität dieser Welt und dieses Universums besser zu verstehen. Als ich zum ersten Mal den Meistern begegnete, spürte ich in mir eine gehörige Portion Angst und auch Zweifel, Verwirrung und viele andere Emotionen, die Teile unserer menschlichen Erfahrung sind. Was mir jedoch nicht bewusst war: Dies alles spielte sich ausschließlich in mir und nicht außerhalb davon ab. Einer der ersten Meister, dessen Bekanntschaft ich in jenen Zeiten der Verwirrung und Infragestellung vieler Dinge machte, war Meister Lazmew, der Meister der Kunst (wie ich ihn nenne).

Ich erinnere mich noch, dass ich damals über viele Fragen nachdachte, die ich mir nicht beantworten konnte. Doch statt mir einfach Antworten zu liefern, forderte mich dieser wundervolle Meister auf, meine Gefühle zu jener Zeit zeichnerisch zu Papier zu bringen oder einfach Lieder zu singen, die mein Herz bereits angestimmt hatte. Ich war darüber ziemlich überrascht, war ich doch auf der Suche nach Antworten; doch ich konnte noch so viele Fragen stellen oder noch so oft versuchen, mich dem zu entziehen, was er mir vorschlug – immer wieder sagte er mir: "Hab' keine Angst, tue es einfach – zeichne, singe, schreibe, tanze, tue einfach, was dein Herz begehrt, denn in dem, was du dann tust, wirst du die Antworten finden, nach denen du suchst." Doch ich begriff einfach nicht, wie ich in mir etwas finden sollte, was mir nicht mal ansatzweise bekannt war. Meister Lazmew blieb bei seiner Haltung, gab mir aber verschiedene praktische Beispiele, die mir halfen, seine Herangehensweise besser zu verstehen. Und schließlich wusste ich, dass er recht hatte: Der einzige Weg, all das loszuwerden, wovor wir uns fürchten, es anzuerkennen, ist der Weg der Verwandlung, den die Kunst verkörpert.

Auf den Reisen mit diesem wundervollen Meister lernte ich viele faszinierende Dinge, die alle die grenzenlose Liebe widerspiegeln, die die Meister für uns Menschen empfinden, und auch ihre Geduld und Nachsicht mit unserer Eigensinnigkeit und Verblendung.

Er lebte ursprünglich in Baja California, Mexiko, doch nun hält er sich überall dort auf, wo Menschen Hilfe und Orientierung brauchen, und er setzt die Kunst als Mittel ein, um Menschen zu ihrem wahren Selbst zu führen.

Die Kunstform des Tanzes ist nur eines von vielen Beispielen, wie die Kunst für Menschen Wunder wirken kann, ebenso wie für die Umwelt. Ich erinnere mich noch ganz besonders an ein Wiedersehen mit Meister Lazmew in Asien, wo der Tanz bei den Stämmen der Ureinwohner eine wichtige Rolle beim Schutz vor bösen Kräften und negativen Energien spielt, wie es auch bei den Stämmen der amerikanischen Ureinwohner der Fall ist. Bei dieser Begebenheit hatte ich die Gelegenheit, einem Tanz beizuwohnen, der an ein Ballett erinnerte, weil die Bewegungen sich so ähnelten. Ich war darüber sehr erstaunt, denn es hatte nicht den Anschein, als ob die Angehörigen dieses Stammes je zuvor die Gelegenheit gehabt hätten, in dieser Kunstform unterwiesen zu werden.

Ich fragte Meister Lazmew, wie das möglich sei, und ob es vielleicht etwas mit ihm zu tun habe, worauf er antwortete: "Die unterschiedlichen Formen des Tanzes und das, was du 'Ballett' nennst, sind universelle Ausdrucksformen der Liebe. Im Grunde findet in jedem Winkel des Universums ein Tanz statt. Die Planeten wirbeln wie im Tanz unaufhörlich um die Sterne, und in unserem Körper vollführt jedes kleinste Partikel ebenfalls einen majestätischen Tanz. Über den Tanz können wir unsere Gefühle zum Ausdruck bringen und uns so selbst etwas Großartiges schenken. Nicht nur der Mensch, der den Tanz vollführt, ist von Liebe erfüllt, sondern auch alles, was den Tänzer umgibt. Diese Energie breitet sich in alle Richtungen aus und erreicht das Herz eines jeden Menschen. Deshalb ist es für sie (die Tänzer) nicht erforderlich, Unterricht in etwas zu nehmen, das bereits Teil ihres Wesens ist. Durch den Tanz bringen sie im Grunde nur Liebe und Respekt für sich selbst und alles, was sie umgibt, zum Ausdruck ..."

Ich begriff, was Meister Lazmew mir zu verstehen geben wollte, und ich entwickelte ein Gefühl von tiefer Bewunderung für diese Kunstform. Überhaupt lernte ich auf dieser Reise viele wichtige Dinge, die schwer mit Worten zu beschreiben sind, weil die Fülle an Weisheit und Liebe einfach nicht in Worte zu fassen ist. Deshalb ist dieses Buch auch nur ein Versuch meinerseits, die Weisheit des Herzens und die Magie dessen, was uns umgibt, so in Worte zu kleiden, dass der Leser einen tieferen Eindruck von der Schönheit und Harmonie unserer Schöpfung erhält.

Ich erinnere mich auch noch an einige weise Worte dieses Meisters, mit denen er sich darauf bezog, was die Kunst für uns Menschen verkörpern sollte, was wir aber außer Acht gelassen haben. Die Kunst nimmt mittlerweile aber eine immer bedeutendere Rolle ein, und sogar die Wissenschaft hat es sich nun zur Aufgabe gemacht, Untersuchungen zum Nutzen der Kunst für den Menschen anzustellen.

Doch im Grunde wussten schon unsere Vorfahren um ihren Nutzen, was sich in den atemberaubenden Kunstschöpfungen und Bauwerken widerspiegelt, deren Entstehung für uns Menschen heute nicht nachvollziehbar, geschweige denn reproduzierbar ist. Diese Werke führen uns vor Augen, dass unsere heutige Gesellschaft orientierungslos, verwirrt und abgetrennt von der höheren Realität der Schöpfung durchs Leben läuft.

Und doch hegen wir die Hoffnung, dieses tief in unserem Wesen verborgene Wissen endlich wiederzuerlangen und zu unserer Herzensweisheit zurückzufinden. Dafür stehen uns viele Mittel zur Verfügung, und eines davon ist die Kunst.

Es wird oft behauptet, nur wenige Menschen hätten künstlerisches Talent, und wir haben das als "Tatsache" akzeptiert. Doch durch die Meister bin ich zu dem Verständnis gelangt, dass Kunst *der unendliche Ausdruck von allem, was ist,* ist. Es kann keine engere oder "präzisere" Definition des Begriffs "Kunst" geben, weil Kunst als solche keine Grenzen kennt. Sie ist Teil unserer Schöpfung und unseres eigenen Wesens, wie das Blut, das in unserem Körper kreist. Unser Leben selbst ist der großartigste künstlerische Ausdruck, und deshalb ist jeder Teil von uns eine bildhafte Verkörperung der Kunst.

Über die Jahrhunderte und Jahrtausende geriet diese Realität jedoch aus unserem Blickfeld, und heute sind Menschen eigentlich nur noch künstlerisch tätig, wenn ihr Verlangen nach eigenem künstlerischen Ausdruck so stark ist, dass sie ihm ihr gesamtes Leben widmen. Die überwiegende Mehrheit der Menschen hat jedoch vergessen, dass die Kunst einen bedeutenden Teil ihres eigenen Wesens darstellt. Wenn wir wieder lernen, uns auf eine Weise künstlerisch auszudrücken, die unserem Wesen entspricht, öffnen wir uns für eine Vielzahl von Möglichkeiten, die in unser Leben treten können, die wir zuvor noch ungenutzt hatten verstreichen lassen.

Wir Menschen definieren den Begriff "Kunst" als die Fähigkeit, etwas zu erschaffen, oder als ein System ästhetischer Normen. Doch in Wirklichkeit ist Kunst viel mehr als das. Meister Lazmew erklärte mir, dass die auf unserem Planeten existierenden Kunstformen begrenzt und hauptsächlich "Intellektuellen" vorbehalten seien, doch das ist weit von der Wahrheit über das Wesen der Kunst entfernt.

Er sagte mir dazu: "Die wahre Essenz der Kunst ist über zahllose 'Definitionen' des Begriffs, die nur sehr wenig mit der Realität zu tun haben, verloren gegangen. Kunst ist in Wirklichkeit die Manifestation und der Ausdruck von Liebe; es ist ein vortreffliches Mittel, um diese machtvolle Energie auf direktem Wege allem zu schenken, das existiert - dem 'allmächtigen Unendlichen'. Die Liebe, die sich als künstlerischer Ausdruck verkörpert, ist etwas, das Mutter Erde und ihren Kindern mehr als alles andere hilft. Denke daran, dass der Mensch die Kunst liebt und schätzt, weil sie den Kontakt und die Verbindung zur Natur, zur Erde verkörpert. Und die Natur wird sich für jedes Geschenk dieser Art, das der Mensch ihr macht, dankbar erweisen ..."

Er fuhr fort: "Eure Vorfahren wussten dies und lebten in Harmonie mit ihrem universellen Wesen. Sie brachten ihre Liebe und ihren Respekt für alles, was sie umgibt, in künstlerischer Weise zum Ausdruck. Sie lebten mit jeder Faser ihres Wesens für die Schaffung großer Kunstwerke und erfüllten so ihre Mission als universelle Wesen. Das größte Vermächtnis, das sie uns aus der Weisheit ihres Herzens hinterlassen haben, findet sich in ihren Traditionen und Überlieferungen, ebenso wie in ihren großartigen Bauwerken. Tatsächlich enthält jedes Kunstobjekt die Energie ihrer Liebe und Hingabe an die Freude, mit der sie diese Werke geschaffen haben. Die später erfolgten intellektuellen Deutungen und Definitionen des Begriffs 'Kunst' hatten nur noch wenig mit dem ursprünglichen Herzensausdruck ihres Wesens zu tun. Doch die Realität der Liebe - und damit der Kunst - ist universell und unbeschränkt. Ihr können weder intellektuelle Grenzen gesetzt werden noch kann man sie 'lehren' oder sich ihr mit dem Verstand nähern. Sie ist Teil der universellen Schöpfung - und somit Teil eines jeden Menschen ..."

Die Meister wiesen mich immer wieder auf die Bedeutung der Kunst in allen Bereichen unseres Lebens hin. Die Energie, die bei der Schaffung eines Kunstwerks oder jeder Form künstlerischen Ausdrucks erzeugt wird, ist so stark und grenzenlos, dass sie im Stande ist, Dinge, die sich um uns herum und auch in uns selbst im Ungleichgewicht befinden, zu harmonisieren. So kann zum Beispiel der Betrachter eines Gemäldes dieselben Gefühle wahrnehmen, wie sie der Künstler bei der ursprünglichen Schaffung seines Kunstwerks zum Ausdruck brachte. Vielleicht ist ihm dies nicht bewusst, doch es wird auf diese Weise tatsächlich eine energetische Verbindung zwischen Betrachter und Künstler geschaffen. Der Betrachter erhält sozusagen eine "stille Unterweisung" durch den Künstler, die möglicherweise später einen hilfreichen Einfluss auf sein Leben ausüben wird oder ihn für die Lebenserfahrung des Künstlers sensibilisiert.

Das Wundervolle an der Kunst ist, dass sie sich in zahllosen Farben, Formen und Gestalten manifestieren kann; sie kennt keine künstlich geschaffenen Grenzen und auch keine Hindernisse wie Zeit, Materie, Raum oder Sprache. Jeder Mensch "versteht" intuitiv und klar die Botschaft, die in einem Tanz, einer Körperhaltung, einem Gemälde, einer Skulptur oder irgendeiner anderen Kunstform enthalten ist.

Deshalb haben die Meister jahrhundertelang versucht, uns durch die Kunst einen Teil der in Vergessenheit geratenen und missverstandenen Realität bewusst zu machen. In dieser Hinsicht ist die Mission der Meister zeitlos und unbegrenzt. Der Hauptgrund dafür ist, dass die Kunst lange Zeit das einzige Mittel darstellte, das wir Menschen als Zugang zu uns selbst anerkannten - nicht nur in Bezug auf die Meister, sondern auch auf das "Unendliche", das geduldig auf unser Erwachen wartet - und vor allem darauf, uns endlich als glückliche Wesen zu sehen.

Wir sollten keine Angst davor haben, unser inneres Wesen durch künstlerische Aktivität zum Ausdruck zu bringen. Lassen Sie uns ein für alle Mal die Grenzen sprengen und uns selbst sowie dem *Ausdruck des Unendlichen*, das uns umgibt, unsere wahre Schönheit und grenzenlose Liebesfähigkeit vor Augen führen. Dazu brauchen wir weder lange Jahre der Ausbildung noch übermäßigen Einsatz, um als großartige Künstler zu gelten, denn wir sind bereits großartige Künstler; wir müssen uns nur unseren natürlichen Wunsch nach künstlerischem Ausdruck eingestehen und die Magie sichtbar werden lassen, die in jedem von uns lebt.

Der künstlerische Impuls in uns, der sich in kreativem Ausdruck manifestieren möchte, kann uns viele Antworten auf

Fragen liefern, die wir uns vielleicht schon lange stellen. Denn in diesem kreativen Ausdruck offenbart sich eine ungeheure Kraft, die im Stande ist, Dinge zu transformieren, Menschen zu heilen und allen Wesen Liebe und Freude zu schenken.

Dazu fällt mir eine weitere Geschichte ein, die Meister Lazmew mir erzählt hat. Er sprach von einer Person, die Kunst und ihren Einfluss auf Gesellschaft und Geschichte studierte und deutscher Nationalität war. Seit seiner Jugend hatte dieser Mensch Kunst in all ihren Ausdrucksformen studiert, bis er als anerkannte Autorität auf dem Gebiet galt. Als Experte bereiste er die ganze Welt, um sein Wissen mit anderen zu teilen.

Doch im Laufe der Jahre geriet er über gewisse Dinge immer mehr in Verwirrung; er kam an einen Punkt, an dem er - aus seiner intellektuellen Sichtweise - nicht verstehen konnte, was der eigentliche Grund dafür war, dass der Mensch überhaupt künstlerisch aktiv ist. Er erkannte, dass dieser Aktivität ein Bedürfnis zugrunde lag, etwas zum Ausdruck zu bringen, was nicht ausgedrückt werden konnte. Doch diese Erkenntnis war für ihn nicht wirklich zufriedenstellend.

Immer wieder reiste er nach Mexiko und Südamerika, um im Rahmen seiner Forschungsarbeiten verschiedene Volksgruppen und ihre Art des künstlerischen Ausdrucks kennenzulernen. Er entdeckte so viele wundervolle Arten dieses Ausdrucks, dass er darüber nur noch mehr in Verwirrung geriet. Er suchte nämlich nach etwas, das er nicht begreifen konnte; er verspürte das starke Bedürfnis, Kunst zu "erklären", obwohl er nicht wusste, warum. Ihm war zwar bewusst, dass die Kunst Teil von etwas war, für das es keine Erklärung gab - doch sein Verstand gab sich damit nicht zufrieden.

Als er bei einer seiner Forschungsreisen die Pyramiden von Teotihuacan besuchte, geschah überraschend etwas Wundervolles. Mein Mann und ich wohnten in einem Hotel in der

Nähe der Pyramiden, und auch dieser Mann befand sich zu jenem Zeitpunkt dort. Ich beabsichtigte, mich mit Meister Lazmew an dieser Stätte zu treffen, denn ich wollte mehr über die Magie und Wunder der Region erfahren und auch ein tieferes Verständnis für die prähispanische Kunst erlangen.

Ich befand mich mit Meister Lazmew in der Nähe der Sonnenpyramide, um die Energie am Ort auf uns einwirken zu lassen, als ich bemerkte, dass dieser Deutsche uns unablässig anschaute. Ich war überrascht, denn es geschah nicht allzu oft, dass andere Menschen die Gegenwart der Meister wahrnehmen konnten. Dies geschah nur äußerst selten. Die meisten Menschen nehmen einfach keine Notiz von den Meistern und würden sie nicht mal als solche erkennen, was den Meistern wiederum oft hilft, ihre Mission besser zu erfüllen. Als der Mann uns fortlaufend anschaute, dachte ich deshalb, er wüsste etwas über Meister Lazmew.

Er saß direkt vor uns in etwa drei Metern Entfernung und fixierte uns eindringlich. Meister Lazmew begegnete seinem Blick mit einem breiten Lächeln, und mein Eindruck war, der Mann war hier, weil er etwas in Erfahrung bringen wollte, das der Meister wusste.

Schließlich erhob sich der Mann und kam direkt auf uns zu, und Meister Lazmew sagte zu mir: "Öffne dein Herz; er ist auf der Suche nach seinem Weg (er bezog sich dabei auf diesen Mann) und seiner Verbindung zum Unendlichen ..." Als ich seine Worte vernahm, war mir klar, dass es kein Zufall war, was hier geschah, sondern dass es einen sehr speziellen Grund für diese Begebenheit gab.

Schließlich stand der Mann direkt vor uns, grüßte uns in nahezu akzentfreiem Spanisch und fragte uns, woher wir seien. Überrascht erwiderte ich, dass ich aus Guadalajara, Mexiko, komme. Dann wandte er sich dem Meister zu und wartete auf dessen Antwort - so wie ich, die mittlerweile etwas nervös geworden war.

Meister Lazmew antwortete: "Ich bin ein Bewohner dieser wundervollen Mutter Erde." Der Mann schien etwas verwirrt über die Antwort des Meisters, doch das hielt ihn nicht davon ab, uns um Erlaubnis zu bitten, sich neben uns setzen zu dürfen. Wir hießen ihn willkommen, und er stellte sich vor, komplett mit Namen, Beruf und dem Grund für seine Reise. Als er ebensolches von uns wissen wollte, fielen mir nicht die richtigen Worte ein, und ich blickte den Meister hilfesuchend an. An diesem Punkt sagte mir irgendetwas, dass alles, was hier gerade geschah, einen ganz bestimmten Grund hatte.

Nachdem wir uns gegenseitig vorgestellt hatten, begann der Mann ein Gespräch, in dem er sein Interesse an den verschiedenen künstlerischen Ausdrucksformen im Verlauf der Menschheitsgeschichte bekundete. Er sagte, er sei sicher, dass es eine Verbindung zwischen den Künsten und den Naturwissenschaften gebe, und er habe es sich zum Ziel gesetzt, Kunst mit den Mitteln der Wissenschaft zu erklären und zu deuten. Er ergänzte, dass er praktisch sein ganzes Leben und seine Existenz allein dieser Forschung gewidmet habe.

Meister Lazmew hörte ihm die ganze Zeit sehr aufmerksam zu. Der Mann sprach über verschiedene, teilweise sehr vertrauliche Dinge, die ich persönlich wahrscheinlich für mich behalten hätte. Doch der Einfluss und die Energie der Liebe und des Verständnisses, die der Meister um sich verströmte, halfen diesem Mann, offen über Dinge zu sprechen, über die er wohl zuvor lange Zeit geschwiegen hatte.

So vergingen einige Stunden, und hätte der Mann nicht zwischendurch zufällig auf seine Uhr geschaut, hätten wir wohl noch einige weitere Stunden dort gesessen. Als er sah, wie spät es war, entschuldigte er sich und war etwas beschämt, dass er uns zeitlich so in Anspruch genommen hatte. Wenn er uns bei unseren Aktivitäten unterbrochen hätte, so sagte er, täte ihm dies leid, und er würde sich sofort zurückziehen, wenn dies gewünscht sei. Meister Lazmew antwortete ihm: "Wir haben eigentlich nur einen Grund, weshalb wir diesen magischen Ort aufgesucht haben, und der ist, dass wir hier und jetzt leben. Danke, dass Sie uns Ihr Herz geöffnet und uns Ihre innersten Gefühle offenbart haben. Sie sind ein einzigartiger Mensch ..."

"Ich weiß, wonach sie suchen", fuhr der Meister fort, "es ist diese schon immerwährende Suche nach der Verbindung zwischen etwas so Subtilem wie der Kunst und den profanen physikalischen Gesetzen der Erde. Doch die Suche nach dieser Verbindung, die sie durch wissenschaftliche Erklärungen oder Definitionen herstellen wollen, wird leider erfolglos sein. Der einfache Grund dafür ist, dass die Gesetze der Wissenschaft und die des Herzens nie voneinander getrennt, sondern immer ein und dieselben waren. Sie persönlich sahen sie als verschiedene Gesetze, und deshalb glaubten sie auch, dass sie zwei unterschiedliche Ausdrucksformen des menschlichen Geistes seien. Die Wissenschaft ist für Sie die Gesamtheit an gewonnenen Erkenntnissen über alles, was Sie umgibt; ihre Phänomene lassen sich durch Gesetze erklären, die auf die dahinter wirkenden Prinzipien und Ursachen hinweisen. Doch dadurch, dass Sie den Begriff 'Wissenschaft' auf diese Weise definiert haben, haben Sie ihm auch Grenzen auferlegt. Die von Ihnen vorgenommene Trennung von Sinnesempfindungen und der Weisheit des Herzens hat Sie zu der Annahme verleitet, dass objektive Wissenschaft und subjektive Empfindungen voneinander getrennte Formen seien, doch dem ist nicht so ..."

Der Mann hörte Meister Lazmews Ausführungen aufmerksam zu. In seinem Gesicht war gleichzeitig Freude und auch etwas Verwirrung zu sehen; er nickte die ganze Zeit nur mit dem Kopf, so als ob er den Meister darum bitten wollte, fortzufahren. Meister Lazmew kam dieser unausgesprochenen Bitte nach: "Diese Suche nach der Verbindung zwischen scheinbar getrennten Formen ist etwas, dem Sie große Bedeutung beimessen; Sie werden bei dieser Suche irgendwann feststellen, dass die Gesetze der Natur, der Menschheit und der Liebe dieselben sind. Sie sollten sich dabei jedoch daran erinnern, dass Ihre Wissenschaft in ihren Möglichkeiten begrenzt ist und dass sie im Stande sein sollte, diese Grenzen zu sprengen, um Erklärungen für etwas viel Größeres, Unermessliches liefern zu können. Es ist wichtig, dass Sie sich dabei die Frage stellen: Was ist Kunst für Sie?"

Mit zweifelndem Unterton antwortete der Mann: "Das habe ich mich schon oft gefragt, aber bisher habe ich noch keine klare Antwort gefunden. Ich weiß, dass es sich bei der Kunst um etwas so Großes und Umfassendes handelt, dass kein Erklärungsansatz mich je zufriedenstellen würde; ich weiß aber auch, dass unsere Wissenschaft eine logische Antwort zu diesem Ausdruck menschlicher Kreativität und dem Grund dafür liefern kann. Und das ist der Grund, weshalb ich mich bei meiner über fünfunddreißigjährigen, aber erfolglosen Suche nach der Antwort so fühle, als hätte ich mich irgendwie verirrt."

In seiner Stimme war der Kummer nicht zu überhören, und ich hatte das Gefühl, dass der Mann den Tränen nahe war. Dies schien ihm peinlich zu sein, doch Meister Lazmew nahm seine Hände und sagte: "Sie sind ein großartiger Mann, der darum gekämpft hat, seinen Wissensdrang in Bezug auf die Verbindung zwischen den Naturkräften zu stillen und die Kunst mit den Naturgesetzen des Universums erklärbar zu machen. Die Kunst ist eine der herausragenden Manifestationen der Liebe, und diese unendliche Kraft berührt alle Menschen, die für die Liebe empfänglich sind und sie auch selbst zum Ausdruck bringen. Künstlerischer Ausdruck ist einfach ein Bedürfnis der Seele, des Herzens, des Wesens."

"Die Schöpfung ist das großartigste Kunstwerk", erklärte er weiter, "und der Schöpfungsakt ist zeitlos und immerwährend; er kennt kein Ende und keine Grenzen. Deshalb ist alles, was Teil Ihres Lebens ist, bereits ein perfektes Kunstwerk, aus dem nur Glück entstehen kann - das schönste Kunstwerk des universellen Wesens."

Er fuhr fort: "Diese Formen künstlerischen Ausdrucks sollten nicht nur als Manifestation menschlichen Talents angesehen werden, denn sie sind viel mehr als das. Die Kunst selbst ist ein Teil der Schöpfung und der Essenz des Lebens; ihre Kraft und ihr Einfluss sind grenzenlos und im Stande, jede Situation zum Besseren zu verändern. Sie ist das schönste Geschenk, das Sie sich selbst und allem, was Sie umgibt, machen können. Reduzieren Sie sie nicht auf eine simple Definition, denn ihre unermessliche Bedeutung kann nur mit der Weisheit des Herzens begriffen und durch die Grenzenlosigkeit der Schöpfung erlebt werden ..."

Der Mann hörte dem Meister aufmerksam zu - und begann plötzlich, wie ein kleiner Junge zu weinen. Meister Lazmew nahm ihn liebevoll in seine Arme; es war ein sehr ergreifendes Bild. Wieder einmal wusste ich nicht, was ich tun sollte; ich öffnete einfach mein Herz für die bewegenden Worte des Meisters und die tiefe Liebe zur Schöpfung, die aus ihnen sprach. Sie hatten den Mann zu aufrichtigen Tränen gerührt. Ich weiß nicht mehr, wie viel Zeit eigentlich vergangen war, doch die ganze Szenerie um uns herum hätte nicht wundervoller sein können; die Sonne schien noch klarer und heller, und die Pyramiden sahen aus, als ob sie in ein ganz neues, andersfarbiges Licht getaucht worden wären.

Zweifellos haben diese Erfahrung und vor allem die liebevollen und weisen Worte des Meisters diesem aufrechten Mann geholfen, seinen Weg im Leben zu finden und seine Mission zu erfüllen, die Kunst überall auf der Welt ins Bewusstsein der Menschen zu bringen. Er würde seine Begegnung mit Meister Lazmew, dem Meister der Kunst, wohl nie im Leben vergessen.

Dies machte mir bewusst, dass es wohl keine beeindruckendere Form des künstlerischen Ausdrucks in der prähispanischen Kultur gibt als diese großartigen Pyramidenbauwerke, die mit großer Weisheit und tiefer Liebe zur Natur errichtet worden waren. Und diese Weisheit und Liebe war in der herzlichen Umarmung des Meisters mit diesem Mann genauso spürbar.

Die Errichtung dieser grandiosen Bauwerke geschah nur zu dem Zweck, die universelle Liebe, den *Ausdruck des Unendlichen*, zu würdigen und die große Mutter Erde, die Mutter aller Menschen, in ganz besonderer Weise zu ehren. Und könnte es eine bessere Definition des Begriffs "Kunst" geben als die, die vom Herzen eines jeden Menschen kommt?

Nach dieser wundervollen Begegnung konnte der Mann seinem Herzen endlich die Erlaubnis erteilen, mit der Schöpfung in vollkommener Harmonie zu leben. Und er selbst hatte festgestellt - und das war wohl seine wichtigste Erkenntnis -, dass künstlerischer Ausdruck nicht nur auf die Werke beschränkt ist, die wir in Museen, Kunstzentren und Kulturhäusern bewundern können. Kunst findet sich überall im Leben, und das Leben selbst ist eine Kunst - das schönste Geschenk, das wir uns und anderen machen können.

Die Künstler der Vergangenheit wie auch die der Gegenwart, die ihr Leben dem schöpferischen Ausdruck gewidmet und ihn in verschiedenen Gestaltungsformen für andere erlebbar gemacht haben, tragen zweifellos eine große Verantwortung. Sie sind in gewisser Weise sich selbst und anderen gegenüber eine zeitlose Verpflichtung eingegangen, denn als Künstler sind sie auch Wegweiser, Lehrer und menschliche Quellen der Weisheit und des Glücks, weil die Kunst eines der direktesten Mittel ist, Einfluss auf die Gesellschaft und jeden Menschen auf diesem Planeten auszuüben.

Meister Lazmew hatte mir diesen starken Einfluss vor Augen geführt und erklärt. Ich konnte selbst sehen, dass dieser schöpferische Ausdruck, der ein unendlich kraftvoller Teil unseres Wesens ist, eine deutliche Wirkung auf diejenigen Betrachter, Zuschauer, Zuhörer oder Bewunderer dieser Kunst ausüben kann, die ihre Sinne dafür öffnen. Dies war vielen unserer herausragenden Schöpfer und Künstler der Vergangenheit wohlbekannt, und sie sahen dies für sich als eine große Verantwortung. Deshalb rangen sie mit sich, nur Kunstwerke zu schaffen, die dem Publikum, das sich für ihre Kunst öffnen konnte, Orientierung gaben und Wissen vermittelten.

Wie ich schon ausführte, ist Energie der *Ausdruck des Unendlichen*, und deshalb sind wir als Schöpfer und Erschaffer Teil dieses Ausdrucks. Unsere Gedanken, Gefühle und Handlungen üben eine richtungsweisende Wirkung auf unser Leben und das aller anderen um uns herum aus - und deshalb auch auf unseren Planeten.

Die Kunst als Teil der inneren Energie des Geistes kann enorme Kräfte freisetzen, wenn sie sich durch verschiedene Ausdrucksformen wie Bewegungen, Gedanken, Malerei, Musik, Gesang, Tanz, Bildhauerei und zahllose andere Formen manifestiert. Sie erreicht dann jedes Wesen, das sich im Einflussbereich dieses künstlerischen Schaffens aufhält, und Dinge wie Materie, Raum oder Zeit verlieren in diesem Moment an Bedeutung. Die Energie dieses künstlerischen Ausdrucks ist dann so zeitlos und kraftvoll, dass sie auch nach dem Tod des Künstlers auf alle Menschen weiter wirkt und ihn so buchstäblich unsterblich werden lässt.

Vor einigen Jahren wurde wissenschaftlich nachgewiesen, dass die Kunst (vor allem die Musik) bedeutende Veränderungen der psychischen Verfassung zum Positiven hin bewirken kann - und dies vor allem bei Kindern. Allerdings hat die Wissenschaft ziemlich lang gebraucht, um zu dieser Erkenntnis zu kommen und den inhärenten Wert von Kunst und Musik richtig einzuschätzen. Mozart, wie auch viele andere Künstler, hat uns ein Vermächtnis der Weisheit und Liebe hinterlassen, das direkt dem weisesten Teil seines Wesens, dem Herzen, entsprang, als er seine wundervollen Gefühle in Noten umsetzte.

Die Kraft, die Kunst und Musik ausüben können, ist nahezu grenzenlos. Wenn wir mit dieser Kraft bewusst und richtig umgehen, kann sie uns in allen Bereichen unseres Lebens große Dienste leisten. Deshalb haben die Meister zu allen Zeiten darum gekämpft, dass der Mensch sich dieser immensen Kraftquelle bewusst wird und sie für sich nutzt, um sich selbst und seine Umwelt zu höheren Stufen der Entwicklung zu führen - und so auch unserem Planeten ein großartiges Geschenk zu machen.

Wir sollten uns dieser Wahrheit über unser Wesen unbeschwert und leichtherzig nähern. Es ist wichtig, dass wir uns dem Teil unseres inneren Wesens widmen, der sich nach Befreiung und Wertschätzung sehnt, und es ist Zeit, dass wir unsere Augen öffnen und einen Blick entwickeln für die Wunder, die uns umgeben - von denen wir selbst eines sind. Wenn wir häufiger künstlerisch tätig sind, wird sich dies in unserem Leben positiv auswirken und uns zu mehr Weisheit und Glück führen.

Der Meister gab mir auch zu verstehen, dass die Kunst nicht nur ein Mittel ist, um Glück und Freude zum Ausdruck zu bringen, sondern auch andere Emotionen wie Trauer, Schmerz und Kummer, da wir in einer Welt der Dualität leben, die Teil unserer Schöpfung ist. Die Kunst bezieht auch diese Gefühle mit ein, weil sie *alle* Gefühle des Menschen zum Ausdruck bringt. Doch wenn wir Menschen schließlich lernen, ein glückliches Leben zu führen, wird sich dies auch in unserer Kunst als Freude, Liebe und Harmonie widerspiegeln.

In gewisser Weise ist die Kunst auch ein Weg der Befreiung. Sie kann uns helfen, Gefühle wie Wut, Hass, Groll, Schmerz, Kummer und Trauer loszulassen. Dann wirkt die Kunst wie ein "Transformator" dieser schmerzlichen Gefühle in eine Lernerfahrung, ohne willentlich negative Emotionen weiterzugeben. Im Gegenteil: Auch der Betrachter dieser Kunst wird hierdurch eine positive Lernerfahrung machen. Dies ist, was der Künstler in seinem Herzen fühlt - dass der einzige Sinn und Zweck seiner Kunst darin besteht, zum Ausdruck zu bringen, was er fühlt, ohne mit seiner künstlerischen Gestaltungskraft andere zu schädigen oder zu verletzen.

Dies ist auch der Grund, warum die Meister alle Künstler, die ihre Werke der Welt präsentieren, in einer großen Verantwortung sehen. Die Kunst ist der erhabenste Ausdruck des Subtilen, und ihre Rolle sollte immer die eines Wegweisers und Lichtbringers sein. Doch in letzter Zeit wurde die Kunst auch dazu benutzt, negative Botschaften zu vermitteln, Verwirrung zu stiften oder gar anderen Menschen Leid zuzufügen. Vor allem junge Menschen, die Orientierung und vernünftige Wertmaßstäbe brauchen, sind davon betroffen.

Unsere Künstler sollten ein inneres Gespür für den bedeutenden Einfluss haben, den sie auf ihre Umwelt ausüben. Viele von ihnen glauben jedoch nicht, dass sie für andere eine

Vorbildfunktion haben. Seit ihren allerersten Anfängen spielt die Kunst für jeden Menschen auf diesem Planeten eine herausragende Rolle. Die Kraft des künstlerischen Ausdrucks kann dem Menschen einerseits Hilfe und Orientierung geben, ihn andererseits aber auch noch mehr verwirren und durcheinanderbringen, je nach Fall. Ich weiß, dass es vielen Menschen schwerfallen wird, dies zu glauben, doch ist dies tatsächlich so, und jeder Mensch kann dies für sich prüfen, wenn er sein Herz etwas mehr öffnet, um das wahrzunehmen und anzuerkennen, was er bisher geleugnet hat.

Unsere Kunst, an der jedes Wesen in diesem Universum Anteil hat, ist eine der großen Gaben, die wir uns und der Erde schenken können. Durch die Jahrhunderte haben die Meister immer wieder versucht, uns daran zu erinnern, von welch herausragender Bedeutung sie in allen Bereichen unseres Lebens ist. Bis zum heutigen Tage kämpften sie fortwährend darum, uns die Augen dafür zu öffnen und uns wieder mit dieser magischen und kraftvollen Essenz, die wir Kunst nennen, in Verbindung zu bringen, sodass wir mit jedem Lied, jedem Gemälde und jedem Tanz für uns selbst und andere einen hilfreichen Einfluss ausüben können.

Die Meister weisen auch darauf hin, dass wir nicht nur um des Singens willen singen, nicht nur um des Tanzes willen tanzen und auch nicht nur um des Malens willens malen, sondern dass jedes Wort und jede Bewegung von einzigartiger Bedeutung ist. Die Energie künstlerischen Ausdrucks verbindet sich im Moment ihrer Schöpfung mit den starken Energien der Erde und des Universums und hat so das Potenzial, unser Leben und unseren Planeten zu transformieren. Dies kann uns auf eine neue Ebene heben, auf der wir im Stande sind, unsere Essenz, allumfassende Liebe, frei und grenzenlos zum Ausdruck zu bringen.

Wenn wir also eine wundervolle Plastik oder ein faszinierendes Gemälde betrachten, wenn wir ein großes literarisches Werk genießen oder Menschen bei einem ausdrucksvollen Tanz zuschauen, sollten wir immer in uns hineinfühlen und herausfinden, welches Geschenk uns der Künstler mit seinem Werk machen möchte. Doch vor allem sollten wir dabei die magische und grenzenlose Präsenz des universellen Schöpfers wahrnehmen, die wir in allen Kunstwerken finden können, wie auch die der Meister, die uns unermesslich lieben. Sie möchten nur, dass wir in der Lage sind, unsere einzigartige Essenz zu erfassen und unsere Herzen für den *Ausdruck des Unendlichen* zu öffnen. So treten wir wieder in Verbindung mit unserer universellen, grenzenlosen Essenz - und mit der Gesamtheit der Schöpfung.

Die Kunst kann für uns dieses Leuchtfeuer sein, das uns den Weg zu unserer Mission erhellt: *glücklich zu sein und andere glücklich zu machen.*

Ich möchte Ihnen noch von einer wundervollen und nahezu magischen Erfahrung erzählen, die ich bei einer der Begegnungen mit Meister Lazmew gemacht habe. Wie ich schon sagte, ist der Tanz und besonders das Ballett eine Kunstform, die ihm besonders am Herzen liegt.

Wir befanden uns an einem traumhaft schönen Ort mit beeindruckenden alten Bäumen am Rande einer Stadt. Ich erinnere mich noch, dass ich an jenem Tag von Kopfschmerzen geplagt wurde, ihnen aber keine Aufmerksamkeit schenken wollte, weil ich nichts von dem, was dort geschah, verpassen wollte.

An einem Punkt kam der Meister auf mich zu und sagte: "Weißt du was, es ist Zeit für einen Tanz", und er begann, sich rhythmisch zu bewegen. Die Art, wie er tanzte, war unbeschreiblich; selbst heute läuft mir noch ein wohliger Schauer über den Rücken, wenn ich mich an seine leichten, fließenden

Bewegungen erinnere. Sein Gesicht leuchtete förmlich durch die Energie, die er mit jeder einzelnen Bewegung erzeugte. Er strahlte gleichzeitig so viel Ruhe und Frieden, aber auch Freude und Glück aus, dass es schien, als ob die Energie, die er verströmte, ihn wie eine unsichtbare Kraft vom Boden emporhob.

Sein Körper vollzog Bewegungen, die von ihm ausgingen wie die blitzenden Funken eines Feuerwerks, während er gleichzeitig einen unglaublich betörenden Duft verströmte. Seine Hände bewegten sich wie die Fontänen eines Springbrunnens, der nicht Wasser, sondern Licht von sich gibt.

Dann sah ich, wie helles, vielfarbiges Licht von seinen Händen in meine Richtung strahlte. Erstaunt nahm ich wahr, wie dieses wundervolle Licht in meinen Körper strömte und mich angenehm erschaudern ließ.

Als mich das Licht so durchdrang, erfüllte es mich mit einer starken, unerklärlichen Emotion, die ich eigentlich nur als tiefes Glücksgefühl bezeichnen könnte. Der Meister setzte seinen faszinierenden Tanz fort, und das von ihm ausgehende Licht erleuchtete alles um uns herum.

Erst in jenem Moment verstand ich, was ich zuvor nicht erfassen konnte: Die Energie eines Menschen kann alles in seiner unmittelbaren Umgebung mit Licht erfüllen und transformieren - und so Liebe zum Ausdruck bringen. So wird die ganze Umgebung mit Freude, Harmonie und Balance erfüllt.

Als Meister Lazmew seinen Tanz beendet hatte, verbeugte er sich voller Ehrfurcht und Liebe vor Mutter Erde und der Umgebung und sprach ihr seinen Dank dafür aus, dass er für sie tanzen und seine Liebe für sie zum Ausdruck bringen durfte. Seine Grußgeste war eine Bewegung, wie sie für Tänzer typisch ist, doch er vollzog sie mit der wahren tieferen Bedeutung, die den meisten von uns entfallen ist.

Er näherte sich mir wieder und fragte: "Geht es deinem Körper schon wieder besser? Ist der Druck von deinem Kopf gewichen? Hat dein Körper zugelassen, dass die Energie des Universums und der großen Mutter Erde auf ihn einströmt?" Ich wusste nicht, was ich darauf antworten sollte, weil ich vor Aufregung sprachlos war. Erst dann erinnerte ich mich daran, dass ich ja zuvor noch Kopfschmerzen hatte - und gar nicht gemerkt hatte, dass sie zwischendurch verschwunden waren.

Der Meister wusste genau, wie ich mich fühlte, und umarmte mich liebevoll, worauf ich in Tränen ausbrach. Ich glaube, ich musste weinen, weil ich erkannt hatte, dass wir Menschen bewusst verleugnen, in der Lage zu sein, uns und anderen mit wundervollem künstlerischem Ausdruck das schönste Geschenk zu machen, das es gibt. Es machte mich traurig, dass ich dies erst jetzt, so spät, erkannte, doch dann erinnerte ich mich an die Worte von Nintancito: "Es ist nie zu spät, die Wahrheit zu entdecken; es spielt keine Rolle, wie viel davon dir zuvor unbekannt war. Wichtig ist, sich wieder an sie zu erinnern, und zwar mit Freude ..." Als mir diese Worte des Meisters wieder bewusst wurden, verwandelte sich meine Trauer in ein unbeschreibliches Glücksgefühl, und immer wieder denke ich mit Freude zurück an Meister Lazmews wundervollen Tanz und das faszinierende Licht, das uns umgab.

Meister Sabadimel, der Hüter der Erde

Auf der Erde existieren viele verschiedene Energie- und Kraftorte, die für das Leben und die Balance auf dem Planeten sehr wichtig sind. Diese magischen, von der Energie des Universums angefüllten Orte haben für das Bestehen unseres Planeten eine entscheidende Rolle gespielt. Ihnen ist es zu verdanken, dass sich Mutter Erde der menschlichen Aggression, die sie nahezu überall erlebt hat, erwehren konnte. Zum jetzigen Zeitpunkt gibt es mehr als siebzig dieser Orte rund um die Welt, und gewöhnlich befinden sie sich in Regionen weit weg von Großstädten und Ballungsräumen.

Die Region, in der sich heute Mexiko-Stadt befindet, war früher einer dieser Kraftorte, und unsere Vorfahren gründeten dort ihr Reich, weil sie wussten, dass es heiliges Land war. Leider verlor diese Region ihre Kraft nahezu vollständig, seit der zeitgenössische Mensch sich dort niedergelassen hat. Die großen Gebäude, Fabriken und die durch sie verursachte Umweltverschmutzung waren verantwortlich dafür, dass diese Energie erlosch und dass von dem, was einst ein heiliger Ort war, nur noch Ruinen übrig geblieben sind.

Doch diese Energiezentren auf der Erde reichen nicht aus, um die Wunden unserer großen Mutter Erde zu heilen. So wie in Mexiko verloren auch viele andere Energiezentren auf der Erde über die Jahrhunderte ihre Kraft aufgrund der Zerstörungen, die dort stattfanden, ohne dass unsere Mutter Erde irgendetwas tun konnte, um dieser Zerstörung Einhalt zu gebieten.

Doch was dies betrifft, haben unsere Meister mit ihrer nur auf der Natur beruhenden Technologie eine Menge Hilfe und einen Beitrag dazu geleistet, die verheerenden Auswirkungen unserer Handlungen etwas hinauszuzögern.

Einer der Meister, der direkt an dieser Arbeit beteiligt ist, ist Meister Sabadimel, ein wundervoller Mann von großer Weisheit und bedingungsloser Liebe für alle Bewohner dieses Universums, vor allem aber für die Bewohner der Erde. Das Zusammensein mit ihm war für mich eine sehr inspirierende und faszinierende Erfahrung. In den siebzehn Jahren unserer Bekanntschaft war ich immer wieder voller Bewunderung für seine grenzenlose Liebe, Geduld und Zuneigung. Was ich jedoch am meisten an ihm schätze, ist sein Sinn für Humor und seine Treue zur Mission der Liebe, der er sich verpflichtet hat. Es ist nicht einfach, mit Worten etwas zu beschreiben, das eigentlich nur mit dem Herzen gespürt und ausgedrückt werden kann, doch mein inniger Wunsch ist, dass dieses Buch zumindest ansatzweise die Botschaften der Meister vermitteln kann.

Ich erwähne auch diesen Meister in meinem Buch, weil seine Mission von entscheidender Bedeutung für das Leben aller Menschen war und immer noch ist. Vielleicht ist der Grund dafür nicht so einfach zu verstehen, doch wenn es jemanden gibt, den man als Schutzengel oder Hüter dieses Planeten und seiner Bewohner bezeichnen kann, dann ist es zweifellos Meister Sabadimel. Seine Mission besteht darin sicherzustellen, dass es für jedes Wesen immer mindestens einen Weg gibt, der ihn zu Liebe, Hoffnung und Zuversicht führt.

Diese Mission ist verständlicherweise nicht einfach, wenn man davon ausgeht, dass Leid und Schmerz, Verwirrung und

Durcheinander und ein allgemeiner Mangel an Liebe bei den meisten Menschen vorherrschen. Doch sein Kampf - wie auch der Tausender anderer Meister auf der Erde - war ein Kampf der Liebe gegen den Hass, der Freude gegen die Trauer und der Harmonie gegen die Ungleichheit. Das größte Hindernis, dem sich Meister Sabadimel gegenübersah, war die Tatsache, dass wir unsere Kräfte als Menschen nicht bündeln, um für die Liebe zu kämpfen; im Gegenteil, wir tragen mit unserem "Kampf" zu noch mehr Verwirrung und Durcheinander bei.

Doch ich wage sogar zu sagen, dass der Grund, weshalb wir heute immer noch am Leben sind, auf die Arbeit dieser Meister zurückzuführen ist, die sie jahrhundertelang auf diesem Planeten verrichtet haben. Sie und einige wenige andere Menschen haben ihr Leben dem Dienst an ihren Mitmenschen gewidmet, doch es hat den Anschein, als ob sich die Zahl dieser Menschen von Tag zu Tag verringert - oder sich unser Bedürfnis nach Hilfe und Orientierung erhöht hat.

Wir müssen der Wahrheit ins Auge schauen. Wir können nicht länger darüber hinweggesehen, wie viel Schmerz und Leid sich jeden Tag auf der Erde zuträgt. Ich weiß, einige Menschen sind bestrebt, nur die gute Seite des Lebens zu sehen, und daran ist auch nichts Falsches; doch wir müssen auch erkennen, dass es höchste Zeit für Heilung und Harmonie ist und dass es nicht genügt, nur darüber nachzudenken - wir müssen es jetzt auch *tun*.

Dies ist auch der Grund, weshalb die Gegenwart der Meister von Mal zu Mal mehr zu Tage tritt, in der Hoffnung, dass wir uns nun uns selbst zuwenden, um diese Weisheit in uns zu entdecken. Wir sind die Einzigen, die uns selbst den Weg in die Zukunft statt in die Selbstvernichtung weisen können, wobei uns unsere Mission, glücklich zu sein und andere glücklich zu machen, leitet.

Die Energie, die vom Universum auf uns einströmt, ist gewaltig und immens, doch bisher haben wir nicht den Versuch unternommen, sie für uns zu nutzen, obwohl uns diese Energie helfen kann, den Weg der Wahrheit zu finden.

Wie wir wissen, ist unser Planet nur einer von unendlich vielen, die in unserem Universum existieren, und seine Nähe zu den anderen Planeten im Sonnensystem übt einen bedeutenden Einfluss auf diese aus - und umgekehrt. Denn der *Ausdruck des Unendlichen* bewirkt eine solche gegenseitige Verbindung. Viele dieser Einflüsse, vor allem sehr hohe Energien kosmischer Strahlung, spielen eine wichtige Rolle für den Planeten, denn ein Großteil dieser Strahlung besteht, so will ich es mal beschreiben, aus nichts anderem als Liebe.

Für unsere Vorfahren war es nichts Neues, dass das Universum - und sein Einfluss - für ihr Leben und ihre Umwelt eine bedeutende Rolle spielte. Ihre Beziehung zu diesen Energien war ihnen sehr wichtig; sie zogen es vor, ihre Wohnorte nach diesen Energien auszurichten, die für sie etwas Göttliches waren und ihnen nach ihrer Ansicht von ihren Sternenbrüdern aus dem Universum geschickt wurden. Dies führte dazu, dass sie an bestimmten Orten "Empfangszentren" für diese heilige Energie errichteten, um sie von diesen Orten aus über die ganze Mutter Erde und ihre Kinder zu verteilen. Große Pyramiden wie die in Ägypten und Himmelsobservatorien wie etwa Stonehenge wurden zu diesem Zweck errichtet und mit einer Gewissheit betrieben, wie sie nur durch die Weisheit des Herzens erlangt werden kann.

Dies bedeutet nicht, dass an jedem dieser besonderen Kraftorte Bauwerke errichtet wurden; unsere Vorfahren taten dies nur an Orten, wo dies unbedingt notwendig war. Viele weitere Orte wurden in ihrem natürlichen Zustand belassen. Was an diesen Orten jedoch immer geschah, waren heilige Rituale und große Zeremonien, mit denen diese Energien willkommen geheißen wurden. Dies hatte für unsere Vorfahren eine große Bedeutung, denn sie wussten, dass ihre Verbindung und Kommunikation mit dem Unendlichen von diesen Ritualen und Zeremonien abhing. Ich weiß, dass dies eine recht außergewöhnliche Erklärung für die Existenz der großen Pyramiden und anderer Bauwerke ist, die Schauplatz von Ritualen und Zeremonien waren, doch meine Absicht hier ist, dem Leser eine Vorstellung davon zu geben, worum es sich bei der Mission von Meister Sabadimel handelt, um sie etwas besser zu verstehen.

Diese bewusste Verbindung mit dem Universum bestand jahrhundertelang, doch zu einem gewissen Zeitpunkt "riss der Faden", und wir verloren diese Verbindung – mit dem Ergebnis, dass wir die Bedeutung dieser Energien aus dem Universum nicht mehr erkannten und uns selbst von diesen Energien, innerlich wie äußerlich, abschnitten. Die heiligen Rituale wurden fallen gelassen, und wir entfernten uns zunehmend von der natürlichen, universellen und erdverbundenen Lebensweise unserer Vorfahren. Wir vergaßen, dass die Energie- und Kraftorte des Planeten eigentlich uns und unsere Rituale brauchten, und dadurch, dass wir sie achtlos zurückließen, fügten wir der Erde großen Schaden zu. Die Meister versuchten die ganze Zeit, die wenigen noch verbliebenen Orte am Leben zu erhalten, damit wir eines Tages wieder zu ihnen zurückkehren und die alten Rituale wieder aufnehmen könnten.

Meister Sabadimel sagte mir, dass nun die Zeit für uns gekommen sei, das, was wir verloren haben, wiederzuerlangen, denn die Hilfe, die uns gegeben werden kann, ist nicht grenzenlos. Der Mensch hat nämlich Hindernisse errichtet, die die Meister ihren Bemühungen beschränken, diese für uns und unser Leben auf der Erde so wichtigen Orte zu bewahren. Und sollte dies nicht gelingen, sollten wir nicht rechtzeitig unsere

Verantwortung für die Bewahrung dieser Orte übernehmen, könnte dies nicht mehr rückgängig zu machende Auswirkungen auf alle Menschen und den Planeten selbst haben.

Ich erinnere mich noch an eine weitere Erfahrung mit Meister Sabadimel am Vulkan Popocatépetl. Dies ist eines der wichtigsten Energiezentren der Erde - und auch eines der gefährlichsten. Als wir am Fuße des Vulkans standen und seine eindrucksvolle Schönheit bewunderten, fing die Erde unter unseren Füßen plötzlich an zu beben. Ich erschrak, beruhigte mich aber gleich wieder, als ich sah, dass Meister Sabadimel ein breites Lächeln auf den Lippen hatte und den Vulkan voller Bewunderung anschaute, als dieser etwas Dampf ausstieß.

Der Meister erklärte mir: "Dieser wunderschöne Vulkan ist für die Balance von Mutter Erde sehr wichtig gewesen. Er ist der große Heiler ihrer Wunden; durch ihn kann sie ihren Schmerz loslassen und ihre Selbstzerstörung verhindern. Doch damit dies geschieht, müssen ihre Wunden auch mit der Energie des Universums versorgt werden, und dies kann nur mit unserer Hilfe, mit der Hilfe ihrer Kinder, erfolgen ..."

Er fuhr fort: "Die von dir durch Tänze, Rituale und die Verbindung mit dem Unendlichen erzeugten Energien kann Mutter Erde durch diese Wunden aufnehmen und kanalisieren, und gleichzeitig kann sie dir ihre Energie zum Schutz geben. Für Mutter Erde wäre es eine große Hilfe, wenn wir uns an diese Tänze und Rituale erinnern und sie wieder vollführen würden, denn die Liebesenergie, die sie dadurch von dir erhielte, würde ihr bei der Linderung ihrer Schmerzen helfen und eines Tages schließlich das, was jetzt noch eine große Wunde ist, heilen ..."

Meister Sabadimel erklärte mir, dass die Vulkane der Erde dabei behilflich sind, ihre innere Energie freizusetzen und die universelle Energie für die Balance des Lebens in ihr zu kanalisieren. Dies ist jedoch vollkommen in Vergessenheit geraten, und seitdem sind wir nicht mehr auf die Bedürfnisse unserer Mutter Erde eingegangen.

Es ist traurig, aber wahr: Im Laufe der Zeit haben sich die Kanäle und Zentren der Erde für den Empfang und die Ausstrahlung heiliger Energien in große Wunden verwandelt, die immer wieder geöffnet werden und durch die der Schmerz und das Leid unserer Mutter Erde sichtbar werden. Durch die Jahrtausende geriet unser Planet immer wieder in sehr schmerzhafte Situationen und Geschehnisse, in deren Folge sich die Kommunikationskanäle des Planeten schlossen, sodass dieser Weg der Energieaufnahme und -abgabe blockiert war. Dies hat dann heftige Eruptionen zur Folge, wenn ein Teil der Energien, die auf die Erde einströmen, freigesetzt wird und zu Zerstörung und anderen negativen Auswirkungen auf die Umgebung führt.

Dies ist der Grund, warum unsere Mutter Erde zusammen mit den Meistern große Anstrengungen unternimmt, dass diese schmerzvollen Energieeruptionen unterbunden werden. Doch diese Wunden sind gefährlich und wachsen, wenn die Erde ihren Schmerz aktiviert und freisetzt.

Hier waren und sind die Meister für den Planeten und seine Bewohner eine große Hilfe. Durch kluge Lenkung der Energien führen sie eine Linderung dieses Schmerzes herbei, was dazu führt, dass der innere Druck als Dampf entweichen kann und eine Eruption des Vulkans somit kurzfristig verhindert wird. Ebenso sind die Meister bei der Vermeidung größerer Erdbeben hilfreich, indem sie kleine Anpassungen in den Verschiebungen der Erdplatten vornehmen und so größere Katastrophen rechtzeitig abwenden.

Die Gegenwart der Meister in und um alle großen Vulkane auf der Erde spielt eine wichtige Rolle dabei, Kontrolle über die Vorgänge auszuüben, die zu Eruptionen führen können. Doch ihr Einfluss in dieser Richtung ist begrenzt, und oft konnten sie Schaden und Unheil nicht so abwenden, wie sie es gerne getan hätten. Dies versetzt sie zwar in Trauer, aber es gibt ihnen auch die Kraft weiterzukämpfen.

Meister Sabadimels Mission ist, die jetzigen oder früheren Zentren der Energie und der Kommunikation mit dem Universum auf der Erde zu unterstützen und zu balancieren. Seine Hauptabsicht dabei ist zu verhindern, dass sich diese Empfangszentren für die Energie der Liebe und Harmonie in weitere Wunden oder gefährliche Orte für die Erde und ihre Bewohner verwandeln.

Diese Arbeit ist wegen ihrer faszinierenden Dimensionen schwer mit Worten zu erklären; man könnte jedoch vereinfacht sagen, dass es dabei darum geht, all den Orten Liebe zu schenken, die für uns in Vergessenheit geraten sind, und sie somit aktiv zu halten. Die Meister kämpfen unentwegt dafür - und riskieren dabei mitunter sogar ihr Leben -, Schmerz und Leid, das durch unsere unterbewussten Handlungen hervorgerufen wird, abzuwenden. Und es macht sie nach ihren eigenen Worten sehr glücklich zu wissen, dass dieser Kampf dem Menschen zu mehr Glück und Freude verhelfen kann.

Meister Sabadimel und all die anderen Meister, die ihr Leben dieser Mission widmen, arbeiten in sehr intensiver Weise an jedem dieser siebzig heiligen Orte auf der Erde, sodass wir weiterhin die unendliche Energie unseres Universums empfangen können. Für sie ist dies der Weg, mittels dessen wir uns eines Tages wieder an die Verbindung erinnern, die immer bestand und uns helfen wird, für uns selbst und alles, was uns umgibt, bessere Lebensbedingungen zu schaffen. Ihre Gegenwart an diesen Energieorten ist unverzichtbar, denn sie helfen, jeden dieser Orte durch wirkungsvolle Rituale aktiv zu halten, sodass unsere Erde aus ihnen weiterhin Energie beziehen und somit überleben kann.

Es ist wohl nicht schwer, daraus zu schlussfolgern, dass es wichtig und notwendig ist, im Besitz des Wissens und der Kontrolle über diese Energien - nicht nur dieses Planeten, sondern die des gesamten Universums - zu sein. Denn damit wird wieder eine Balance und Harmonie hergestellt, die für die Meister ein Teil ihrer Essenz und ihres Lebens ist, doch die uns entweder gar nicht mehr bewusst ist oder vollkommen in Vergessenheit geriet. Deshalb ist es wichtig, dass wir zu unserer Weisheit erwachen und wieder unsere Verantwortung für Mutter Erde und das Leben auf ihr übernehmen, denn unser Planet stößt allmählich an seine Grenzen der Belastbarkeit.

Ich erinnere mich noch an eine Zusammenkunft mit Meister Sabadimel und fünf weiteren Meistern an einem Ort in Asien. Sie versuchten, die verschiedenen Energien und Kräfte, die an jenem Ort in Bewegung waren, zu fühlen und zu identifizieren. Es war ein wundervoller, farbenprächtiger Ort voller Harmonie und vor allem Liebe; als wir an ihm eintrafen, war er wie eine Oase, die bis dahin von keinem Menschen berührt worden war - ein Ort, erfüllt mit der erhabenen Kraft des Unendlichen.

Dann sah ich, wie einundzwanzig Meister mit den Bewohnern dieses Ortes an einer Stelle mit wundervoller üppiger Vegetation einen Kreis bildeten. Sie waren von Pflanzen umgeben, und es hatte den Anschein, als ob die Bewohner zusammen mit den Meistern ein Ritual vollführten.

Meister Sabadimel sagte zu mir: "Von diesem Ort aus wirst du im Stande sein, die starken Energien dieses wundervollen Rituals zu sehen. Durch jeden von uns in diesem Kreis wird die Erde die Energie empfangen, die das Unendliche aussendet, und gleichzeitig wird sie diese Energie an jeden von uns zurücksenden, sodass wir sie dann über die ganze Erde verteilen und sie in ihr verankern können ..."

Plötzlich leuchtete die ganze Umgebung in intensiven, aber sanften Farben zwischen Blau und Weiß auf und verlieh dem Ort eine magische Atmosphäre. Was dann geschah, ist schwer zu erklären oder zu verstehen. Diese starke, alles in blauweißes Licht tauchende Energie war die kraftvolle Strahlung, die aus dem Universum direkt auf den Ort einwirkte; es war eine reine, klare Energie, die an diesem Ort von den Meistern und den Bewohnern empfangen und weitergeleitet wurde.

Als dieses herrliche blauweiße Licht den Ort erhellte, war es, als ob alles Materielle auf wundervolle Weise mit dem Unendlichen verschmolz. Fast augenblicklich gab Mutter Erde diese Energie zurück – in einer Form, die mich am ganzen Körper erschaudern ließ. Sie war so stark, dass ich das Gefühl hatte, sie würde in mir förmlich explodieren. Sie hatte einen sanften rosafarbenen Ton und einen wundervollen, betörenden Duft.

Diese rosafarbene Energie erfüllte den ganzen Ort und vor allem die Teilnehmer an diesem Ritual. Darauf stimmten die Meister mit tiefer Liebe und großem Respekt für die Energie, die die Erde in jenem Moment ihren Kindern schenkte, einen Dankesgesang an. Jeder der Meister war von diesem Licht, dieser Kraft, Energie oder wie immer man sie nennen will, erfüllt, die sie harmonische Bewegungen wie bei einem Tanz vollziehen ließ, was der Energie nun einen goldenen Farbton verlieh. Tatsächlich sah es so aus, als ob echtes Gold aus ihren Körpern herausströmte.

Dieser goldene Farbton war so intensiv, dass ich das Gefühl hatte, überall würden kleine goldene Blätter fallen. Aber am eindrucksvollsten war der plötzlich einsetzende Gesang von Vögeln, als diese goldene Energie den Meistern entströmte und sich in alle möglichen Arten wundervoller Vögel und Schmetterlinge mit intensiv leuchtenden Farben verwandelte.

Ich wusste sofort: Dies war etwas, das ich nie vergessen würde; die Vögel und Schmetterlinge flogen zum Himmel empor und waren irgendwann nicht mehr zu sehen - so als ob sie die Energie des Rituals mit sich nehmen und die Unendlichkeit daran teilhaben lassen wollten.

Ich weiß nicht mehr, wie viel Zeit vergangen war, doch ich brauchte eine ganze Weile, um das gerade Erlebte einzuordnen und zu verarbeiten. Als ich schließlich wieder im Stande war zu sprechen, fragte ich Meister Sabadimel, welchen Zweck dieses Ritual verfolgt hatte und was dadurch erschaffen worden war. Sichtlich bewegt antwortete er: "Was du gerade gesehen hast, war eine Zeremonie zum Willkommenheißen und zur Weitergabe der unendlichen universellen Energie, die fortwährend auf jeden Ort einströmt, der sich noch seine Kraft bewahrt hat. Mit dem Ritual haben wir die Energie von diesem Ort über die ganze Erde verteilt, um alles Lebendige in seinem Wachstum zu unterstützen ... Diese Energie wird jeden von euch erreichen, wo auch immer ihr seid, selbst wenn ihr sie nicht wahrnehmt. Denn eure Herzen lechzen nach ihr; sie stellt die Verbindung zu allem Höheren und Erhabenen her - eine Verbindung, die größtenteils in Vergessenheit geraten ist."

Nun verstand ich, woher diese Energie kam und wie sie uns Kraft und Hoffnung geben kann, um unsere Mission zu erfüllen. Der Meister erklärte mir, dass diese Energie durch verschiedene höhere Schwingungsebenen und schließlich durch unsere eigenen Energiezentren, die viele Menschen "Chakras" nennen, fließt. Doch damit diese Energie uns mit ihrer vollen Kraft durchströmen und ihre Mission erfüllen kann, uns Klarheit im Leben zu geben, ist von unserer Seite eine offene, harmonische und empfängliche Geisteshaltung erforderlich. Denn wenn unsere "Empfangszentren" durch unsere verwirrten Emotionen und Einstellungen blockiert sind, wird der freie Fluss dieser Energie nahezu vollständig unterbunden.

Meister Sabadimel erzählte mir auf dem Weg zurück von diesem Ort auch, dass ich noch ein tieferes Verständnis dieser Energie und ihres Wirkens auf Menschen erlangen werde. So machte ich mich am nächsten Tag auf den Heimweg und wusste, dass es sicher etwas geben würde, das mir helfen würde, dies alles besser zu verstehen.

Als mein Mann und ich am Flughafen auf unseren Rückflug warteten, kam eine spanische Frau auf mich zu. Wir plauderten über das Wetter und andere Dinge, als wir nach einer Weile feststellten, dass wir auf denselben Flug gebucht waren. Nun unterhielten wir uns etwas eingehender, und sie erzählte mir, der Grund für ihre Reise sei, etwas auszuspannen und die Welt etwas mehr kennenzulernen, da ihr Mann ein Jahr zuvor gestorben war und sie sich seitdem ziemlich allein fühlte. Sie fügte hinzu, dass ihre Asienreise ihr sehr geholfen hätte, Dinge zu verstehen, die ihr vorher nicht klar gewesen waren, und auch den Verlust ihres Mannes zu verwinden.

Ich antwortete ihr, sie sei eine sehr mutige Frau, da sie sich so ganz allein auf die Reise in ein weit entferntes Land gemacht hatte. Sie sei vorher nicht so gewesen, entgegnete sie darauf; früher wurde sie von vielen Ängsten geplagt, und sie wusste, dass sie diese Ängste irgendwann überwinden müsste.

Wir setzten unser Gespräch fort, weil unser Flug Verspätung hatte, und sie erzählte mir mit aufgeregter Stimme, dass sie am Tag zuvor im Traum ein wundervolles Erlebnis hatte. Sie sagte: "Gestern wusste ich noch nicht, dass ich heute schon zurückfliegen würde. Ich befand mich noch in dem Dorf, in dem ich eine Unterkunft gefunden hatte, als ich plötzlich einen tiefen Frieden in mir fühlte. Ich fiel in einen tiefen Schlaf und sah mich an einem Ort, für den mir jede Beschreibung fehlt. Ich spürte Schmerz und Trauer über den Verlust meines Mannes, aber da war auch irgendwie ein Glücksgefühl. Ich konnte nicht sagen, was vor sich ging, aber es beunruhigte mich auch nicht. Ich war allein und fragte mich: 'Was tue ich hier? Welchen Sinn und Zweck hat mein Leben noch, wenn ich nicht glücklich bin?' Und dann regnete es zu meiner Überraschung goldene Blätter, die alles bedeckten, auch meinen Körper. Ich war umgeben von vielen wundervollen Vögeln, die mir offensichtlich eine Liebesbotschaft überbrachten, die ich mir nicht erklären konnte, die mich aber mit Frieden erfüllte."

"In dem Moment begann ich in meinem wunderschönen Traum zu weinen", fuhr sie fort. "Ich überließ mich diesem goldenen Regenschauer und dieser Art Tanz, den die majestätischen Vögel aufführten. Aber das Schönste war: Als ich eines dieser goldenen Blätter vom Boden aufhob und damit meinen Körper berührte, verschmolz es mit ihm. Als ich ein weiteres aufhob, offenbarte es mir mein ganzes Leben – allerdings nur all die Glücksmomente, die ich seit meiner Geburt erlebt hatte. Dieses Blatt sagte mir auch, mein Leben würde weitergehen, denn es warte noch viel Freude auf mich. Ich weiß nicht, ob Sie verstehen können, was ich Ihnen zu erklären versuche, und ich kenne auch nicht den Grund für diesen Traum; ich weiß nur, dass ich so etwas noch nie zuvor erlebt hatte. Ich spürte in dem Moment ein so starkes Glücksgefühl, dass ich aufwachte und in meinem Herzen eine Anwandlung von Hoffnung auf das Leben und mich selbst spürte. Darauf beschloss ich, nicht weiter um die Welt zu reisen, sondern nach Hause zurückzukehren."

Nachdem sie ihre Ausführungen beendet hatte, sah ich in ihrem Gesicht große Freude und Aufregung über ihre Erinnerung an diesen "Traum". Und auch ich war von Freude erfüllt, denn nun verstand ich, was Meister Sabadimel mir über das Ritual und die von ihm erzeugte goldene Energie erzählt hatte. Nun fühlte und verstand ich besser, wie diese überall vorhandene Energie uns erreicht. Unabhängig von der Entfernung des Ortes, an dem sie erzeugt wird, kann sie uns von großer Hilfe sein und uns die Kraft geben, unseren Weg und unsere Mission in diesem Leben zu entdecken.

Mein Herz sagte mir, dass die wundervolle, so von Licht erfüllte Erfahrung dieser Frau nur eine von vielen war, die Menschen nun überall auf unserem Planeten machen. Die Reichweite dieses Ausdrucks der Liebe durch das Universum, Mutter Erde und die Meister ist unbegrenzt; es gibt keine Hindernisse, die die Wirkung dieser Energie aufhalten könnten. Die einzigen erkennbaren Hindernisse sind die, die wir durch unsere eigenen, künstlich geschaffenen Begrenzungen und unsere Unwissenheit über die Dimension unseres wahren Wesens errichten.

Durch das Traumerlebnis, das dieser Frau widerfahren war, veränderte sich ihr Leben von Grund auf; es gab ihr Kraft und Hoffnung, vielleicht doch noch ein Leben voller Glück und Freude führen zu können. Sie sagte von sich, dass nicht ein Tag vergehe, an dem sie dem Leben nicht dafür danke, ihr zu zeigen, dass sie immer noch eine Aufgabe zu erfüllen hat und dafür kämpfen sollte.

So wie diese Frau im Stande war, sich an ihren Traum zu erinnern und sich später im Wachzustand diese Erfahrung bewusst zu machen, so ist dies auch uns möglich. Wir sollten im Leben nur zwischendurch öfter innehalten und die Wunder entdecken, die in "kleinen" Dingen zu finden sind. Oft ist es nicht einmal erforderlich, sich daran zu erinnern; es würde schon genügen, wenn wir uns von diesen Glücksgefühlen einfach leiten ließen, denn jedes schöne Erlebnis kann uns helfen, dieses Gefühl von Freude und Ganzheit in uns zu erwecken.

Die Energie des Universums, die an diesen besonderen Kraftorten auf die Erde einströmt und gleichzeitig von ihr an uns weiterfließt, spielt auch in Konfliktgebieten oder Orten, an denen sich menschliche Tragödien ereignet haben, eine wichtige Rolle. Viele Regionen auf der Erde leiden unter den Auswirkungen von Konflikten, Krieg, Schmerz, Leid und Hunger; deshalb ist es für Menschen, die in Krisengebieten solchen Umständen ausgesetzt sind, umso wichtiger, ein Licht der Hoffnung wahrnehmen zu können.

Für die Meister spielen diese Orte eine solch bedeutende Rolle, dass sie sich an bestimmten Kraftorten und Energiezentren andauernd in, wie wir es nennen würden, Gebet und Andacht aufhalten. Es handelt sich dabei jedoch nicht um die herkömmliche Form von Gebet, wie wir sie kennen; die Meister vollführen vielmehr ununterbrochen Rituale, mit denen sie die Energien des Universums und der Erde zu all diesen Konflikt- und Krisenregionen leiten - mit der Absicht, den Menschen dort zu helfen, die Kraft in ihrem Herzen zu finden, um für ihr Glück zu kämpfen.

In diesen Krisen- und Konfliktsituationen ist es sehr schwierig, etwas Wirkungsvolles zu tun, da die Kontrolle über diese Situationen meistens nicht in den Händen derer liegt, die in Frieden und Harmonie leben wollen. Vielmehr wird sie von Menschen bestimmt, die ihre Mitmenschen aufgrund ihrer falschen Vorstellungen über das Leben in Chaos und Verwirrung stürzen. Diese Menschen haben noch viele Lektionen zu lernen, um zu dem Licht zu finden, das ihnen den Weg hinaus aus ihrer Verwirrung und Verblendung leuchtet, die für andere Tod und Zerstörung bedeutet. Deshalb vollführen die Meister regelmäßig Liebesrituale für genau diese Menschen in der Hoffnung, dass allumfassende Liebe ihnen den Weg hinaus aus ihrer Dunkelheit zeigen kann.

In ähnlicher Weise hilft diese Energie jedem Menschen, der Hilfe, Liebe oder Kraft benötigt, neuen Mut zu fassen, denn diese von den Meistern gelenkte und zu uns gerichtete Energie ist eine Kraft aus dem Unendlichen, die direkt in unser persönliches "Kraftzentrum", unser Herz, fließt.

Im nächsten Kapitel möchte ich etwas näher auf jeden Aspekt dieser Energie, die in unser Leben tritt, eingehen. Ihre Kraft ist so stark und erfüllend, dass wir sie nicht mit dem Verstand, sondern nur mit unserer inneren Weisheit richtig erkennen und nutzen können.

Es gibt so viele Geschichten von Wundern und Mysterien rund um das Leben und die Mission dieser erhabenen Meister, die unmöglich allein mit dem Verstand oder der Logik zu begreifen sind. Deshalb fordere ich hier immer wieder, dass wir unsere Herzen öffnen, fühlen, wer und was wir wirklich sind, und uns selbst gestatten, endlich in einer Welt zu leben, die wir zuvor aufgrund unseres begrenzten Denkens noch als "Fantasie" oder "Utopie" abgetan hätten. Auf diese Weise könnte jeder Mensch die Mission der Meister, vor allem aber sich selbst und sein wahres Wesen kennenlernen, denn dies ist der Weg, um zu universellem Wissen zu gelangen.

Meister Sabadimel widmet sein Leben dem Gebet, den Ritualen und den Kraftorten auf der Erde, um uns zu helfen, weiterhin unsere "Mutterenergie" aus dem Universum zu beziehen. Und er wird uns weiterhin diesen Liebesdienst erweisen, bis wir uns an unser wahres Wesen erinnern und uns dieser Orte annehmen, die wir bisher so vernachlässigt haben.

Dank des geliebten Meisters Sabadimel, den ich "Hüter der heiligen Orte" nenne, schöpft unser Planet noch Hoffnung in jeden Einzelnen von uns, und wir haben nach wie vor die Kraft, unseren Weg weiterzugehen, was zum Teil auch der unbegrenzten Kraft unseres Geistes geschuldet ist. Wenn diese

Kraft noch in jedem von uns vorhanden und lebendig ist (trotz all der Unwissenheit, Unausgeglichenheit und Ungerechtigkeit, die immer noch auf der Welt vorherrschen), verdanken wir dies auch Wesen wie Meister Sabadimel und ihrer großen Mission der Liebe im Namen der letztlich auf alles einwirkenden universellen Energien. Sie geben jedem Bewohner von Mutter Erde Hoffnung - eine Hoffnung, die nur die Liebe uns schenken kann.

Solange die Erde noch diese siebzig Kraftorte aufweist, werden die Meister unablässig darum kämpfen, dass jeder von uns einen Teil dieser universellen Kraft empfangen kann. Dies ist ihre Absicht für jeden neuen Tag, der für uns anbricht, und für uns kann dies eine Gelegenheit sein, unsere Herzen zu öffnen, Vertrauen zu finden und uns selbst sowie allem, was uns umgibt, Liebe zu schenken.

Ich bin jedem dieser Meister für seinen Liebesdienst am Menschen und unserem Planeten unendlich dankbar.

Kapitel 7

Die vier Elemente: Wasser, Erde, Luft und Feuer

Die Natur und ihre Wunder sind bei der Suche nach unserem Weg zweifellos unsere wichtigsten Wegweiser und Verbündeten. Wie ich jedoch schon anmerkte, ist ein Großteil dieses Wissens, das direkt unser körperliches und geistiges Leben bestimmt, in Vergessenheit geraten.

Unsere Vorfahren waren in vollkommener und direkter Kommunikation mit den vier Elementen, den Quellen des Lebens und der Weisheit. Ihre Rituale zielten darauf ab, jedes Element zu ehren, sodass die durch sie vermittelte Kraft und Weisheit ihnen immer und überall zur Verfügung stünde.

Die Art und Weise, wie sie sich jedem Element näherten und mit ihm in Verbindung traten, half ihnen, die Einheit mit dem Unendlichen und allem, was sie umgab, aufrechtzuerhalten. Dies war die Grundlage ihrer herausragenden Errungenschaften in jedem Bereich ihres Lebens. Sie bewahrten sich ihr Bewusstsein über die Tatsache, dass sie Kinder des Universums waren, durch den täglichen Umgang und vor allem durch die Kommunikation mit diesen Elementen.

Uns als Menschen der Gegenwart könnte die Kommunikation und der Umgang mit diesen vier Elementen vielleicht absurd oder unmöglich erscheinen, zumal wir doch offensichtlich wenig oder gar nichts mit ihnen gemeinsam haben. Dies entspricht jedoch nicht der Wahrheit; vielmehr sind alle vier Elemente grundlegende Bestandteile des menschlichen Körpers. Es besteht also eine direkte, fast schon "familiäre" Beziehung des Menschen zu den Elementen.

Im Gegensatz zu unseren Vorfahren, die den Elementen viel Respekt entgegengebracht haben, scheint den meisten von uns das Bewusstsein hinsichtlich des respektvollen Umgangs mit ihnen abhanden gekommen zu sein. Dies hat dazu geführt, dass wir den unmittelbaren Kontakt zu unserer Mutter Erde und ihren Gaben verloren haben. Doch die Kommunikation und der respektvolle Umgang mit den Elementen ist eine grundlegende Voraussetzung für die Erkenntnisse und Einsichten, nach denen wir streben, und deshalb ist es wichtig, dass wir im Stande sind, dieses verlorengegangene Wissen in uns wiederzuentdecken.

Eines der ersten Dinge, die ich von den Meistern lernen musste, um mehr über mich selbst und das, was mich umgibt, zu erfahren, war der bewusste Umgang mit jedem Element, so dass ich dann seine weitreichende Bedeutung für das Leben eines jeden Menschen begreifen konnte.

Ich erinnere mich noch, dass ich zu Beginn meiner Unterweisung durch die Meister nicht verstand, warum ich mich vor ein Feuer setzen und meine Hände in seine Richtung ausstrecken sollte. Natürlich sollte ich mir dabei keine Verbrennungen zuziehen, sondern einfach seine Wärme und seine Wirkung auf meinen Körper spüren. Ich wusste jedoch, dass es da noch mehr zu entdecken gab, und beschloss deshalb, mich zu entspannen und mich für alle Empfindungen zu öffnen.

Meister Nintancito hatte mir zuvor schon geraten, dass ich mit den vier Elementen spielerisch umgehen sollte, um herauszufinden, was jedes von ihnen für mich bedeutet. Ich war darüber sehr erstaunt, weil ich zuvor immer glaubte, dass mir die Elemente nichts geben oder vermitteln könnten; in meinem früheren Umgang mit ihnen hatte ich nämlich nichts dergleichen erlebt. Doch es stellte sich heraus, dass nichts weiter von der Wahrheit entfernt war als diese Annahme meinerseits. Nach und nach stellte ich fest, dass ich, was die Elemente und den direkten Umgang mit ihnen anging, vollkommen blind und gefühllos gewesen war.

Ich war fasziniert von den Wundern, die die Elemente in unserem Leben bewirken, und schließlich verstand ich mit ihrer Hilfe alles, was für mich zuvor keinen Sinn ergeben hatte. Von dem Moment an, als ich den bewussten Umgang mit der wundervollen Energie jedes Elements erlernte, fühlte ich mich im Geist flexibler und im Herzen glücklicher. Die Kraft der Elemente half mir, in Kontakt mit meiner eigenen Kraft zu kommen, und das machte es mir möglich, den Meistern bewusst so nah zu sein, wie ich es jetzt bin.

Diese Erkenntnisse und Einsichten weckten in mir den Wunsch, auch meinen Lesern die Wichtigkeit des bewussten Umgangs mit den vier Elementen nahezubringen, denn jeder von Ihnen wird im Stande sein, diese durch die Elemente hervorgebrachten Wunder zu erleben, über die ich hier schreibe. Und ich weiß, dass Ihnen dies genau wie mir beim Streben nach Glück und Freude in unserem Leben helfen wird.

Wie ich bereits sagte, sind die vier Elemente ein Teil von uns; unser physischer Körper besteht aus Wasser, Erde, Luft und Feuer, die er allesamt für sein Fortbestehen benötigt.

Wenn diese Elemente also so eng mit unserem Körper in Beziehung stehen, wie ist es dann möglich, dass wir fast nichts über sie, ihre Wirkung und ihren Nutzen wissen? Eigentlich wäre es doch nur logisch, wenn wir - angesichts der Bedeutung, die sie für die korrekte Funktion unseres Körpers haben - zumindest den Versuch anstellen würden, sie zu verstehen ...

Jedes Element erzeugt eine einzigartige und ihm eigene Energie, die sowohl auf unseren physischen als auch auf unseren Astralkörper eine bestimmte Wirkung ausübt. Uns ist dabei nicht immer bewusst, wie sehr diese beiden Körper auf die Nähe zu und den Kontakt mit diesen Elementen angewiesen sind.

Ein gutes Beispiel dafür ist das Element Wasser. Wir alle kennen das Gefühl, beim Duschen in Kontakt mit diesem Element zu kommen; es erzeugt in uns ein Gefühl des Wohlbefindens und der Harmonie. Nach einem Duschbad fühlen wir uns gereinigt - nicht nur auf der körperlichen, sondern auch auf der astralen Ebene, sodass wir eins mit diesem Element sind.

Wenn bereits der rasche, beiläufige Kontakt mit dem Element Wasser unter der Dusche für Entspannung und Wohlbefinden sorgt, wie würden wir uns dann wohl erst fühlen, wenn wir mit diesem Element ganz bewusst und offen in Verbindung träten? Die beste Methode, dies zu tun, ist, sich dem Element so zu nähern, wie ein Kind sich etwas ihm Unbekannten nähert, und all unsere vorgefassten Meinungen hintanzustellen, sodass unser Körper die Frische und Leichtigkeit des Wassers mit allen Sinnen wahrnehmen kann. Dazu sollten wir versuchen zu fühlen, was uns das Wasser geben möchte; wir sollten danach trachten, eins mit ihm und seiner Sprache zu sein und durch dieses Element die Botschaft des Unendlichen zu vernehmen - die Botschaft der Liebe, die uns dazu auffordert, mit unserer Umwelt bewusster, feinfühliger und verantwortungsvoller umzugehen.

Wenn Sie das nächste Mal mit der hier beschriebenen Haltung in die Dusche steigen oder wenn Sie zu irgendeinem anderen Zeitpunkt in solch einen bewussten Kontakt mit anderen Elementen treten, dann bin ich ziemlich sicher, dass Sie das Gefühl haben werden, mit etwas in Verbindung zu treten, das bereits ein Teil von Ihnen ist und schon immer war. Dann wird Sie ein Gefühl von Frieden und Harmonie erfüllen, das Ihnen auch zu positiven Beziehungen zu Ihren Freunden, zur Familie und zu allem, was Sie umgibt, verhelfen kann.

Der Einfluss und die Gegenwart der vier Elemente in unserem Leben ist abhängig davon, wie wir uns dem Prinzip des Unendlichen nähern und es verstehen. Dazu bedarf es einiger Vorbereitungen - bei manchen Menschen weniger, bei anderen mehr.

Die vier Elemente in einer ihrer Verkörperungen können uns bei dieser Vorbereitung mehr helfen, als wir vielleicht glauben; sie sind die nötigen "Schlüssel" für unsere Annäherung an uns selbst und unsere Fähigkeit, Glück zu empfinden und mit anderen zu teilen.

Eigentlich bedarf es pro Tag nicht mehr als zehn oder zwanzig Minuten des bewussten Umgangs mit den Elementen, um diese "Schlüssel" zu erlangen. Wir sollten uns in diesem Zeitraum nur von unseren alten Voreingenommenheiten und unserer "Angst", uns selbst zu entdecken, lösen.

Hier sind ein paar praktische, einfache Tipps, wie Sie mit den Elementen näher und bewusster in Kontakt treten können.

Setzen Sie sich dazu entweder auf den Boden oder auf einen Stuhl. Ihre Körperhaltung ist dabei nicht so wichtig; worauf es ankommt, ist, einfach bequem da zu sein, um ein er Harmonie und Ausgeglichenheit im Körper zu er-

Vor uns auf dem Boden oder auf einem Tisch sollten sich verschiedene Dinge befinden, die die vier Elemente verkörpern. Hier einige Beispiele:

Wasser: ein Glas Wasser, das breit genug ist, um mit der Hand hineinreichen zu können.

Erde: ein nicht polierter Quarzkristall, eine Pflanze oder irgendetwas, das für Sie das Erdelement verkörpert und das Sie leicht mit den Händen anfassen können.

Luft: Hier können Sie jede Art von ätherischem Öl, besser noch Räucherwerk, verwenden, das Ihnen zusagt. Das Luftelement hat einen Einfluss darauf, wie der Dampf oder Rauch aufsteigt, der somit gewissermaßen eine Materialisation des Elements darstellt.

Feuer: eine Kerze ist am geeignetsten, weil sie leicht zu handhaben ist. Sie werden sich nämlich im Verlauf unseres Rituals sowohl auf die Wärme ihrer Flamme als auch auf ihre Formen und Farben zu konzentrieren haben.

Sobald wir diese Elemente vor uns haben und uns in einer bequemen Sitzposition befinden, können wir mit dem Ritual der Annäherung an die Elemente und der Verbindung mit ihnen beginnen. Dazu sollten wir zunächst langsam und entspannt einige tiefe Atemzüge nehmen, denn es ist wichtig, dieses Ritual im Einklang mit unserem Körper zu vollführen. Sobald wir den für uns richtigen Atemrhythmus gefunden haben, wird sich automatisch ein Gefühl von Harmonie und Ausgeglichenheit einstellen. Jetzt können wir mit dem ersten Element beginnen.

Sie müssen die hier vorgegebene Reihenfolge der Elemente nicht unbedingt einhalten; beginnen Sie mit dem Element, das Ihnen am meisten zusagt. Achten Sie dazu auf Ihre Körpersprache, und vertrauen Sie Ihrer Intuition.

Beginnen Sie nun, das erste Element zu berühren oder durch Ihre Finger streichen zu lassen. Dies ist wichtig, denn unsere Hände spielen bei diesem Ritual eine bedeutende Rolle. Durch die Chakras in unseren Handinnenflächen nehmen wir nämlich den ersten bewussten Kontakt auf.

Im folgenden Schritt reiben wir unsere Handflächen so lange aneinander, bis sich ein Gefühl des "Prickelns" einstellt; dies ist ein Zeichen dafür, dass die Chakras in unseren Handflächen aktiviert wurden. Dann nehmen wir uns das erste Element vor, zum Beispiel Wasser. Wenn wir diese wundervolle Flüssigkeit durch unsere Hände laufen lassen, sollten wir dies mit der Einstellung tun, dass wir noch nie zuvor etwas mit diesem Element zu tun hatten und dies unser erster Kontakt damit ist. Wichtig ist, unsere vorgefassten Überzeugungen zu vergessen und uns ausschließlich auf die "Sprache" der Empfindungen zu konzentrieren.

Ebenfalls sehr wichtig ist, unsere Energie mit der des Wassers zu verschmelzen, und eine Methode, dies zu tun, ist, mit dem Element zu spielen. Wenn wir sehen und fühlen, wie das Wasser durch unsere Hände rinnt, wird es in jedem einzelnen Tropfen eine Botschaft enthalten, die nur wir verstehen können, und diese Botschaft lautet *Balance und Harmonie*, denn das ist die Essenz des Elements.

Es spielt keine Rolle, wie lang wir uns mit jedem Element beschäftigen. Die bewusste Begegnung mit den Elementen ist eine so wundervolle Erfahrung, dass wir – ohne es zu bemerken – viele Stunden damit verbringen könnten. Und die Elemente werden nur allzu bereit für unsere bewusste Begegnung mit ihnen sein.

Wenn wir danach zum nächsten Element übergehen (zum Beispiel das Erdelement), nähern wir uns ihm auf dieselbe Weise. Wiederum ist es wichtig, das Element in unsere Hände zu nehmen, denn über die Hände stellen wir den bewussten Kontakt mit der Energie eines jeden Elements her. Ähnlich wie beim ersten Element suchen wir auch bei diesem nach seiner Botschaft, die es für uns enthält.

Egal, ob es sich dabei um eine Blume, einen Kristall oder Muttererde handelt – wichtig ist auch hier die bewusste Verschmelzung mit der Energie des Elements, und dies erreichen wir wieder über die Chakras in unseren Handinnenflächen. Das Ergebnis wird sein, dass wir mit dem Element ganz bestimmte Gefühle und Emotionen verbinden.

Es ist sehr wichtig, die Elemente zu berühren, und zwar nicht nur mit unseren Händen, sondern indem wir versuchen, über das Materielle hinauszugehen, auch wenn zunächst vielleicht nicht ganz klar ist, was ich damit meine. Doch diese Art der Verbindung mit den Elementen wird uns helfen zu verstehen, dass unsere Hände – wie jeder Teil unseres Körpers – viele "Sprachen" sprechen, mit denen wir ein Verstehen dessen erlangen können, was wir als *Ausdruck des Unendlichen* bezeichnen. Dazu ist es notwendig, dass wir die jedem Menschen unterbewusst innewohnende Angst vor Berührung ablegen und gleichzeitig über das rein Materielle hinausgehen.

Mit dem Luftelement verhält es sich etwas anders, denn ihm können wir uns natürlich nicht durch Berührung, sondern nur durch Beobachtung nähern. Wie ich schon sagte, können wir zu diesem Zweck Räucherwerk nehmen, wobei wir uns einen Duft aussuchen sollten, der auch unsere Sinne anregt.

Dann sollten wir genau beobachten und uns darauf konzentrieren, wie der Rauch aufsteigt und sich in der Luft verteilt – und zwar nicht allein mit unserem Verstand, sondern mit all unseren Gefühlen. Dabei sollten wir das Gefühl spüren, in eine andere Welt einzutauchen, eine Welt voller Symbole und "Sprachen", die wir nur mit offenem Herzen "verstehen". Dies wird Energien in uns in Bewegung setzen, die uns helfen werden, alte, negative Emotionen zu lösen, die uns vielleicht schon lange belastet haben.

Eine weitere Möglichkeit, sich dem Luftelement zu nähern, ist - neben der Beobachtung des aufsteigenden Rauchs - der spielerische Umgang mit ihm, indem wir den Rauch zum Beispiel durch die Finger gleiten lassen und so die Energie des Elements aufnehmen. Die Formen, die der Rauch annehmen kann, sind so wundervoll und vielfältig, dass wir fast nicht glauben können, nicht schon zuvor seine Schönheit in dieser Weise erkannt und geschätzt zu haben. Wir betrachten Dinge oft oberflächlich, ohne sie wirklich wertzuschätzen oder sich ihnen einfach nur hinzugeben. Doch dieses Ritual gibt uns etwas so Faszinierendes und Wundervolles, dass es uns für immer im Gedächtnis bleiben wird. Und ich versichere Ihnen, Sie werden spüren, dass der Rauch weit mehr darstellt als eine "unvollständige Verbrennung", wie manche Leute es bezeichnen.

Als Letztes widmen wir uns dann dem Feuerelement, von dem wir wissen, dass es für das Leben genauso unverzichtbar ist wie die anderen Elemente. Wenn wir eine Kerze benutzen und uns auf ihre Flamme konzentrieren, können wir ihre unendlich vielfältigen Formen und Farben erkennen, während sie brennt - und dies auf unser Wesen einwirken lassen. Der Anblick der Kerzenflamme kann uns helfen, uns nach innen zu wenden, um in Kontakt mit unserer eigenen Energie zu kommen und diese mit der Energie des Feuerelements zu verschmelzen. Dabei ist es auch hilfreich, sich der Flamme mit den Handinnenflächen zu nähern - natürlich ohne sie zu berühren –, sodass wir die von ihr abstrahlende Wärme spüren und ihre "Sprache" vernehmen können.

Es ist faszinierend zu erkennen, dass die Energie des Feuerelements eigentlich dieselbe ist wie die in unserem Herzen und unserem Blut - ein Ausdruck der Liebe in ihrer "heißesten" und intensivsten Form. Doch dies kann zweifellos nur jeder für sich selbst herausfinden, zum Beispiel durch Beschäftigung mit dem Feuerelement in der hier beschriebenen Weise.

Es ist wichtig, diese Rituale mit den Elementen in Ruhe und Geduld zu vollführen. Dies fällt uns oft nicht leicht, denn der Mensch neigt zu Ungeduld und Rastlosigkeit, und zwar nicht von Natur aus, sondern eher durch "Vererbung", also Sozialisation. Wenn jemand uns sagt, dass wir im Begriff sind, etwas Großartiges zu sehen und zu fühlen, stellen wir uns sofort eine bestimmte Szenerie vor. Wenn die Realität unserer Vorstellung dann aber nicht entspricht, neigen wir sofort zu der Ansicht, dass es vielleicht "doch nicht so großartig" oder "einfach nichts für uns" ist.

Wie ich schon am Anfang des Kapitels bemerkte, ist es wichtig, dass wir all unsere vorgefassten Überzeugungen und Ansichten hinter uns lassen und uns für neue Erfahrungen öffnen, von denen wir wissen, dass sie uns bisher völlig unbekannt waren. Deshalb sollten wir uns auf diese Erfahrungen innerlich vorbereiten, und zwar mit dem Herzen und nicht mit dem Kopf, denn Letzterer hat sein Wissen um die Dinge nur aus Büchern und anderen Quellen, die nichts mit unserem wahren Wesen zu tun haben. Lassen Sie also alles Intellektuelle und Logische hinter sich, und besinnen Sie sich auf das einzig Wahre: die Weisheit des Herzens.

Deshalb möchte ich an dieser Stelle noch einmal betonen: Es ist sehr schwierig zu erklären, welchen Nutzen wir aus der

Annäherung an und dem Umgang mit den vier Elementen ziehen können; es liegt an Ihnen herauszufinden, dass dem eigentlich keine Grenzen gesetzt sind.

Dies ist auch der Grund, weshalb dieses Kapitel das letzte dieses Buchs ist, denn ich weiß, dass viele Leute sich fragen werden: "Ist es überhaupt möglich, sich der einzigartigen Schönheit und faszinierenden Realität unseres Universums voll bewusst zu werden?"

Die Antwort ist klar und einfach: Ja, und zwar indem wir für alles, was uns umgibt - nicht nur das, was wir als uns ähnlich betrachten -, Liebe empfinden und zum Ausdruck bringen. Dabei sollten wir diese Liebe so sein lassen, wie sie ist - zeitlos, unermesslich und ohne Grenzen. Dies können wir durch größere Nähe zu uns selbst erreichen, was uns dann in die Lage versetzt, uns auch dem *Ausdruck des Unendlichen* bewusst zu nähern. Dazu müssen wir die vier Kräfte der Schöpfung, die Elemente Wasser, Erde, Luft und Feuer, aktivieren und nutzen.

Denken wir daran, dass unser Körper viel mehr ist als das, was wir bisher in Bezug auf ihn geglaubt haben, und dass er viel mehr benötigt, als wir ihm bisher gegeben haben. Wir müssen ihn zu seinem unbegrenzten Potenzial erwecken und seine natürliche Lebendigkeit spüren, sodass wir noch mehr eins mit ihm sind - und er mit uns.

Sorgen wir dafür, dass wir die Weisheit früherer Generationen zurückgewinnen und unser Leben nach ihr ausrichten. Gestatten wir unserem Geist und unserem Körper endlich wieder, als Mitschöpfer an der Schönheit und Erhabenheit der Schöpfung teilzuhaben. Streben wir danach, wieder in Harmonie und Kommunikation mit unseren Wesensbrüdern, den Elementen, zu leben, die nur darauf warten, uns im Reich des Glücks und der Realität ohne Grenzen willkommen zu heißen.

Ich erinnere mich immer wieder gern an ein Erlebnis, das mir half zu verstehen, wie wichtig die vier Elemente und unser direkter, bewusster Kontakt mit ihnen ist. Ich hoffe, dass mein Erlebnis eine einfache Erklärung dafür liefern kann, wie die Elemente in unserem Leben wirken.

Ich befand mich an einem wundervollen Ort in den USA, an dem es zu einer großen Zusammenkunft verschiedener Vertreter der Mutterkulturen auf unserem Planeten kam. Dabei handelte es sich um Meister, die sich ihre Traditionen und Lebensweisen bewahrt und uns damit zeitlose Weisheiten weitergegeben haben.

Für mich war es ein aufregendes und wundervolles Erlebnis, an solch einem Ort voller Magie, Weisheit und Liebe zu sein - und Zeuge einer Zusammenkunft von Menschen, die sich etwas bewahrt haben, das die gegenwärtige Gesellschaft verloren hat. Diese Zusammenkunft war der sichtbare Beweis dafür, welche Fähigkeiten immer noch in den Kindern von Mutter Erde schlummern - und wer wir wirklich sind. Viele dieser wundervollen Meister zeigen uns damit, welches Potenzial zur Kreativität der Mensch einst hatte, und sie widmen ihr Leben der Aufgabe, uns den Weg zu zeigen, von dem wir abgekommen sind.

Der Grund für diese große Zusammenkunft war die Vollführung eines ungewöhnlichen Rituals, das allen Kindern der Erde gewidmet war, die sich noch nicht der wahren Größe ihres Wesens bewusst sind. Das Ritual zog sich über drei Tage hin, und mehr als sechzig Meister aus allen Teilen der Welt nahmen daran teil. Da ich mich zu jenem Zeitpunkt erst im Anfangsstadium meines spirituellen Erwachens befand, war es mir nicht vergönnt, direkt an diesem Ritual teilzunehmen. Ich stand etwa fünfzig Meter vom Ort des Geschehens entfernt und war in ein Gebet versunken, das, so hoffte ich, mir helfen würde, die mit diesem Ritual erzeugte Energie fühlen und aufnehmen zu können.

Was ich dabei erlebte, war gleichzeitig wundervoll und doch auch wieder unmöglich mit Worten zu beschreiben. Doch ich erinnere mich noch, wie der Himmel in verschiedenen Farbtönen leuchtete, die ich noch nie zuvor gesehen hatte, als die Meister ihre Gesänge anstimmten, mit denen sie Mutter Erde und Vater Sonne anriefen.

In dem Moment wusste ich, dass dieses Ritual mit den Energien der vier Elemente vollführt wurde, die durch die Gesänge der Meister sozusagen "herbeigerufen" wurden. In ihren Gesängen baten die Meister nämlich jedes Element (Wasser, Erde, Luft und Feuer), dass es in seiner Essenz die Kraft allumfassender Liebe aufnehmen und diese jedem Kind der Erde einverleiben möge. So wurde mir bewusst, dass die vier Elemente eine wesentliche Rolle dabei spielen, uns zur Kraft unseres Geistes und der Schöpfung zu führen.

Während des letzten der drei Rituale bat ich Nintancito um ein Gespräch mit den Meistern, die an diesem Ritual teilnahmen. Er antwortete, ich brauche mich nur in ihre Nähe zu begeben, was ich dann auch tat. So stand ich in der Nähe von zwei Meistern, die am Boden saßen und mit sich selbst und der Erde gleichzeitig in Verbindung zu stehen schienen.

Ich bat sie um Erlaubnis, ihnen einige Fragen stellen zu dürfen, und sie willigten mit Freude ein. Einer von ihnen war ein amerikanischer Ureinwohner, der andere ein Lama-Meister aus dem Himalaja.

Ich fragte sie nach dem Ritual und dem Grund dafür, worauf mir der amerikanische Meister antwortete: "Unser universeller Körper, wie auch unser Körper, der uns von Mutter Erde geschenkt wurde, wurde von den vier Kräften des Vaters, den Elementen Wasser, Erde, Luft und Feuer, geschaffen. Diese

Kräfte verbinden uns nicht nur mit Mutter Erde, sondern auch mit dem Unendlichen. Doch ihr, die Frauen und Männer der heutigen Zeit, seid euch dieses Ursprungs und seiner Bedeutung nicht mehr bewusst."

"Ihr macht Gebrauch von unseren Brüdern des Wassers, ohne ihnen je zu danken", fuhr er fort, "ihr setzt eure Füße auf die Erde, ohne je ihrer Schönheit gewahr zu sein; ihr atmet, ohne dass ihr den Wohlgeruch der Luft wahrnehmt, und ihr empfangt die Strahlen von Vater Sonne, die eure Umgebung in vielen verschiedenen Farben leuchten lassen, ohne dass ihr im Stande seid, sie überhaupt voneinander zu unterscheiden. Deshalb bitten wir unsere Brüder der vier Elemente, euch immer ihre Kraft zu geben und euch die Augen zu öffnen. Eines Tages wird dies der Fall sein, und dann werdet ihr die Bruderschaft zwischen Männern, Frauen und der Natur für euch entdecken."

"Sie (unsere Brüder, die Elemente) lieben euch", ergänzte er, "und jedes Mal, wenn ihr Gebrauch von ihnen macht, stimmen sie Freudengesänge an in der Hoffnung, dass jeder von euch sie hört, wie es schon bei unseren Großeltern und deren Großeltern der Fall war. Doch der moderne Mensch hört ihre Stimmen nicht mehr, denn für ihn gibt es nur noch die Stimme des rationalen Verstandes, der alles außer Acht lässt, was er logisch nicht erfassen kann."

Dann sagte er: "Ihr lebt in einer wundervollen Welt, von der auch wir ein Teil sind, da wir *alle* derselben Quelle entstammen. Und die Einladung, wieder wie früher mit den Kräften der Elemente zu leben, gilt jedem von euch nach wie vor. Möge dieses Ritual Männer und Frauen wieder zur Wahrheit, zu den Elementen als Ausdruck der universellen Schöpfung, zurückführen ..."

Als ich diese Worte des Meisters hörte, waren mein Erstaunen und meine Bewunderung nahezu grenzenlos. Und wieder einmal wusste ich nicht, was ich sagen sollte. Der Lama-Meister sagte: “Die Männer und Frauen der heutigen Zeit sollten begreifen, dass sie in einer wundervollen Welt leben, in der sich Freude und Glück in allem finden lassen, was sie umgibt - und sei es auch noch so klein oder unbedeutend. Der Weg dorthin besteht aus jedem einzelnen Schritt und jeder Handlung, die ihr vollzieht. Ihr könnt dieses Ziel erreichen, wenn wir all eure Kräfte durch die vier Elemente aktiviert, und sie warten die ganze Zeit nur darauf, dass ihr dies tut. Ihr wart mit diesen Kräften seit eurer Empfängnis verbunden; sie sind Teil eines jeden Moments eures Lebens, egal, ob ihr arbeitet, esst oder schlaft.”

Dann sagte er: “Diese Momente stellen für euch Gelegenheiten dar, Verbundenheit zu spüren mit etwas, das im Grunde ihr selbst seid und das ihr in jedem von euch finden könnt. Der Grund dafür, dass eure Körper überhaupt existieren, ist, dass es eine Verbindung zu jedem Element, zu seiner Magie und Kraft gegeben haben muss. Die Elemente haben uns das Leben geschenkt. Deshalb sind die Elemente die Urkräfte der Schöpfung und unser Wegweiser zu dem, was wir wirklich sind. Wer könnte uns besser als sie zeigen, was sie erschaffen und am Leben erhalten haben? Dank ihnen ist das Leben das, was es ist, denn ihre Gegenwart ist verantwortlich für unsere Erschaffung.”

“Wenn wir die Türen der Liebe öffnen und unsere wahre Natur anerkennen”, ergänzte er, “werden die Männer und Frauen dieses Jahrtausends endlich zu ihrer göttlichen Essenz zurückfinden: der Liebe zum *Ausdruck des Unendlichen*.”

Die Worte der Meister waren so voller Liebe, Wahrheit und Weisheit, dass ich nun genau verstand, warum sie jedes

Jahr mehr als tausend dieser Rituale rund um die Welt vollführen. Und mir wurde dabei auch bewusst, welche wichtige Rolle die vier Elemente dabei spielen. Und all dies tun sie, damit wir, die Männer und Frauen der heutigen Zeit, endlich in einer Zukunft voller Liebe, Frieden und Glück leben können - in der wir unsere Mission als universelle Wesen schließlich erfüllen.

Nachwort:

Warum ich dieses Buch verfasst habe

Jede Seite dieses Buchs enthält die Energie der allumfassenden Liebe und Weisheit der von mir vorgestellten Meister, und ich hoffe, dass diese Energie die Herzen der Leser berührt und ihr Leben bereichert. Ich wollte jedem von Ihnen etwas geben, das dem menschlichen Verstand eigentlich unmöglich erscheint oder von ihm einfach als Fantasie abgetan wird. Ich weiß, es ist nicht einfach, die vielen Hindernisse zu überwinden, die uns davon abhalten, an das Schöne und Wundervolle im Leben zu glauben; mein einziges Anliegen ist es deshalb gewesen, Ihnen eine Realität vor Augen zu führen, die schon seit geraumer Zeit in Vergessenheit geraten ist. Und mein größter Wunsch ist es, dass Sie die Möglichkeit in Erwägung ziehen, dass diese Realität tatsächlich existiert.

Als die Meister an mich herantraten und mich liebevoll baten, den Menschen ihre Mission bekannt zu machen, indem ich bei Konferenzen und anderen Zusammenkünften

Vorträge über sie halte, war das für mich zunächst alles andere als einfach. Ich hatte zu Beginn nicht das Gefühl, der Aufgabe gewachsen zu sein, weil ich der Auffassung war, diese Aufgabe könnte nur von jemandem verrichtet werden, der in seiner spirituellen Entwicklung viel weiter fortgeschritten ist als ich.

Schließlich begriff ich aber, dass ich mit Hilfe der Meister und ihrer weisen Ratschläge diese Aufgabe erfüllen könnte, denn es ging bei dieser Arbeit um Botschaften, die von Herzen kommen, sowie um meine Erfahrungen, die ich bei jeder Begegnung mit den Meistern und ihren Lehren gemacht hatte. Doch dann musste ich noch einer weiteren Angst ins Auge schauen: der Angst vor der Reaktion der Menschen, zu denen ich über diese Erfahrungen und Lehren sprach. Doch obwohl mich die Menschen zunächst überhaupt nicht kannten, waren sie bereit, sich Dinge anzuhören, die am Anfang selbst für mich kaum zu begreifen waren. Dank der Unterstützung, die ich von den Meistern fortwährend erhalten habe, war ich jedoch im Stande, meine Ängste und Unsicherheiten, vor allem aber meine Furcht vor skeptischen Reaktionen meiner Zuhörer, zu überwinden.

Im Laufe der Zeit habe ich gelernt, dass wir alle - wirklich jeder von uns - eigentlich dasselbe Wesen mit denselben Bedürfnissen sind; wir alle suchen nach Freude, Glück und Frieden. Ich weiß, dass dies keine neue Botschaft ist; diese Dinge sind bereits Teil von uns, und alles, was wir tun müssen, ist, uns wieder auf sie zu konzentrieren und sie zu einem beständigen Teil unseres Lebens zu machen.

Es geht dabei nicht darum, Menschen zu überzeugen, sondern sie aus ihrem langen Tiefschlaf zu erwecken, indem wir Erinnerungen in ihnen wachrufen und sie zu etwas hinführen, was sich bereits im Herzen eines jeden Menschen befindet: die Weisheit unserer Schöpfung. Jede hier wiedergegebene Erfahrung sollte der Leser auf sein Herz einwirken lassen, bevor er sie für sich als Realität akzeptiert, denn nur das Herz kann uns die Wahrheit offenbaren.

Wenn Sie bei der Lektüre dieses Buchs in Ihrem Herzen das Gefühl der Erinnerung hatten, selbst schon einmal etwas Ähnliches erlebt zu haben, oder wenn Ihr Herz auch nur für einen Augenblick im Stande war, sich in die Erfahrungen dieser wundervollen Meister einzufühlen, dann hat dieses Buch seinen Zweck erfüllt. Denn dann hat die Mission der Meister das Herz des Lesers erreicht.

Diesem Buch werden noch viele weitere folgen; bisher habe ich nur einen kleinen Teil der unendlichen universellen Realität in Worte fassen können. Doch ich weiß, dass das hier Geschriebene als erster Schritt zur Weisheit des Herzens genügt. Wie ich schon sagte: Es geht nicht darum, irgendjemanden von irgendetwas zu überzeugen, sondern unsere Welt, unser Universum und auch unser Leben mit völlig neuen Augen zu betrachten. Dann erkennen wir all die Wunder und Mysterien, die das Leben für uns bereithält und deren wir uns bisher gar nicht bewusst waren. Doch wir haben immer noch alle Zeit der Welt, diese Wunder und Mysterien zu entdecken und das Zauberhaft-Magische der Schöpfung in allen seinen Facetten zu genießen. Und dies wird uns ein Gefühl tiefer Verbundenheit mit dem *Ausdruck des Unendlichen* und der Liebe der Meister geben.

Ich bin den Meistern für ihre Mission der Liebe und Weisheit unendlich dankbar – wie auch allen Menschen, die in den vergangenen Jahren durch die Lehren der Meister erkennen konnten, was ihre wahre Mission ist: durch Erweckung der Weisheit des Herzens zu Glück und Frieden zu finden und diese mit anderen Menschen zu teilen.

Ich möchte den geneigten Leser in diesem Zusammenhang auch um Nachsicht bitten, dass ich leider keinerlei Erfahrung als Buchautor habe; dies ist mein Debutwerk und von daher sprachlich wohl nicht ganz so gewandt formuliert, wie der Leser es sich vielleicht gewünscht hätte. Doch Sie können sicher sein, dass alles, was ich hier zu Papier gebracht habe, von ganzem Herzen kam.

Ich möchte dieses Nachwort mit einer aufrichtigen Bitte an den Leser abschließen. Denken Sie bitte daran: Überall auf der Erde steht jedem Menschen ein wundervolles Wesen zur Seite - ein Engel, der unablässig der Aufgabe nachgeht, uns zu unserer Mission, glücklich zu sein und andere glücklich zu machen, zu geleiten. Sie haben uns die ganze Zeit ihre Liebe und Kraft geschenkt mit dem Ziel, der Verbindung zwischen Universum und Erde alle alten Begrenzungen zu nehmen und die geistigen Fesseln zu lösen, die uns bisher noch von unserer Mission abhielten. Lassen Sie uns mit den Waffen der Liebe und der Weisheit unseres Herzens für dieses Ziel eintreten, sodass der *Himmel auf Erden* eines Tages Realität werden kann ...

Über die Autorin

Flora Rocha wurde am 22. April 1971 in Guadalajara, Mexiko, geboren. Sie studierte Meeresbiologie, bis der Ruf ihrer Meister sie dazu veranlasste, einen anderen Lebensweg einzuschlagen. Bei ihren Reisen rund um die Welt kam sie auch mit den Ältesten indigener Völker zusammen und konnte so das Vermächtnis bewahren, das unsere Vorfahren uns von Beginn der Zeit an hinterlassen haben. Dieses Wissen hat sie auch eingesetzt, um die Weltlage zu untersuchen, in der wir uns gegenwärtig befinden, und um den Menschen eine neue Sicht des Lebens zu vermitteln sowie alternative Lösungsansätze für die Probleme zu präsentieren, mit denen wir uns heute konfrontiert sehen. Seit dem Jahr 2000 wurden ihre Werke rund um die Welt in vielen Sprachen veröffentlicht.

Weiterführende Informationen zu
Büchern, Autoren und den Aktivitäten
des Silberschnur Verlages erhalten Sie unter:
www.silberschnur.de

Sie können uns alternativ
die beiliegende ***Postkarte*** zusenden.

Ihr Interesse wird belohnt!

232 Seiten, Klappenbr.
ISBN 978-3-89845-288-5
€ [D] 14,90

Eileen Caddy & David Earl Platts

Die Tore zur Liebe öffnen

Ein Findhorn-Buch

Können wir lernen zu lieben? Oder müssen wir nur warten – und es geschieht von selbst?
Wir alle sind mit der Fähigkeit geboren, uns selbst und andere zu lieben. Schmerzvolle Erfahrungen haben jedoch dafür gesorgt, dass viele von uns innere Schutzwälle errichtet und Ängste, Überzeugungen und Verhaltensweisen entwickelt haben, um diese inneren Barrieren aufrechtzuerhalten. Die wichtigste Lektion im Leben ist es daher, wieder lieben zu lernen ...
Dieses Buch lädt Sie ein, die freie Entscheidung zu treffen, mehr Liebe in Ihr Leben zu bringen, und es hilft Ihnen, diese Entscheidung Schritt für Schritt klar und entschlossen umzusetzen.

256 Seiten, broschiert
ISBN 978-3-89845-325-7
€ [D] 14,90

Gabriele Weck

Entdecke den Engel in dir

Dieses außergewöhnliche und spannende Engelbuch zeigt, wie einfach es sein kann, die Leichtigkeit in sich selbst wiederzufinden. Eigentlich existieren viele Probleme nur, weil man sich nicht vorstellen kann, dass es eine simple Lösung gibt.
Mit vielen Praxisbeispielen, Erfahrungsberichten und Übungen führt dieses Buch dich dahin, Leichtigkeit und Schwung zu tanken und darüber zu staunen, wie einfach und schön das Leben sein kann, wenn man wieder an sich selbst und an seine Impulse glaubt.
Der Engel in dir führt dich sicher wie ein Navigationssystem, sodass du deinen eigenen Weg zur Verwirklichung deiner Wünsche findest.

384 Seiten, broschiert, durchg. farbig
ISBN 978-3-89845-300-4
€ [D] 16,90

Wayne W. Dyer

365 Quellen der Inspiration

Lebe deine Inspiration!
Wayne W. Dyer, der weltweit bekannte Lebensberater hilft Ihnen, Ihre Inspiration bewusst zu aktivieren, damit sie zu einer kraftvollen Energie in Ihrem Leben werden kann. Die Botschaft dieses Buches ist klar: Inspiration ist für alle da. Sie ist nicht reserviert für Einzelne, sondern Ihr Geburtsrecht, man muss sie erfahren und erfühlen.
Jede Seite dieses wahrhaft inspirierenden Buches bringt Sie einen Schritt näher an ein Leben, in dem Tag für Tag mehr Wunder wahr werden ...

320 Seiten, 2-fbg.,
m. Illustr., gebunden
ISBN 978-3-89845-350-9
€ [D] 19,90

Claire Avalon

Begegnung mit den Atlantischen Priestern

Meditieren mit den göttlichen Strahlen

Claire Avalon begleitet uns zu den göttlichen Strahlen von Atlantis. Die Strahlen Blau, Goldgelb und Rosa stehen für innere Stärke, Weisheit und Mitgefühl. Die Atlantischen Priester dieser Farben führen uns in tiefgehenden Meditationen zurück nach Atlantis. Dort können wir frühere Aufgaben, Talente oder Tätigkeiten betrachten, um die Erkenntnisse in unseren Alltag zu integrieren. Die Atlantischen Priester richten sich dabei – und das macht dieses Buch so besonders – nicht nur an Erwachsene, sondern auch an Kinder ab etwa zehn Jahren, die hier Hilfe finden, um mit Vertrauen und Selbstbewusstsein ihren Weg zu gehen. Ein wichtiges Buch für jeden in dieser Zeit des Wandels und eine wunderbare Hilfe für spirituell aufgeschlossene Eltern und Lehrer.

212 Seiten, mit farb. Abbildungen, broschiert
ISBN 978-3-89845-308-0
€ [D] 6,95

Claire Avalon

Die Lichtstrahlen der Aufgestiegenen Meister

Eine praktische Einführung

Jedes lebendige Wesen und alles, was in der irdischen Materie erschaffen wird, folgt den gleichen Gesetzen. Wir alle haben einen Lebensplan. Die kosmischen Lichtstrahlen sind dabei wie Energiebahnen, denen wir folgen, und Geist und Materie treffen sich immer wieder, um die Weichen neu auszurichten. Doch wer hütet unseren Plan? Die Aufgestiegenen Meister sind unsere Partner auf der geistigen Ebene, und sie helfen uns, die Ziele unserer Seele zu erreichen.
Die Lichtstrahlen der Aufgestiegenen Meister zeigen uns, wie wir unser Leben – auch im Sinne von Ursache und Wirkung – geerdet und spirituell ausrichten können.

190 Seiten, gebunden
ISBN 978-3-89845-366-0
€ [D] 14,90

Heinrich R. Hrdlicka

Der Zufall und seine Gesetzmäßigkeiten

Liebesbotschaften der Engel

Heinrich H. Hrdlicka hat seit Jahrzehnten Kontakt zu einer Gruppe von Engelwesen, deren Botschaften er uns hier vermittelt. Sie weisen uns den Weg zu einem neuen Lebensverständnis und lehren uns, auch in scheinbar zufälligen Situationen einen tiefen Sinn zu sehen. Die Engelwesen stehen uns liebe- und humorvoll zur Seite und bieten praktische Lebenshilfe, indem sie uns wieder zu unserer eigenen Intuition führen und uns deutlich machen, wie wir den oft grau erscheinenden Alltag besser verstehen und ihn bewusst, ohne Angst und in Liebe leben können. Ein originell gestaltetes und unkonventionell geschriebenes Buch mit praktischer Lebenshilfe aus Engelperspektive.

184 Seiten, 2 fbg., broschiert
ISBN 978-3-89845-355-4
€ [D] 14,90

Dr. phil. Georg Rupp

Befreiung aus dem Hin & Her des Lebens

Lass dein Herz entscheiden

Der Psychologe Dr. Georg Rupp lädt Sie ein, sich auf das Wesentliche zu besinnen, auf das, was wirklich wichtig ist. Angesichts unserer Überflussgesellschaft, in der nichts unmöglich und alles erreichbar ist, hindern uns die scheinbar endlosen Wahlmöglichkeiten oft daran, die richtigen Entscheidungen zu treffen. Lernen auch Sie, sich von der Ohnmacht der Nichtentscheidung zu befreien. Dieser Ratgeber der besonderen Art zeigt, wie Sie das ewige gedankliche Hin und Her abschalten und auf Ihr Herz hören können, wo die Antworten leicht zu finden sind. Der Autor erklärt, wie Sie in sechs einfachen Schritten zur richtigen Entscheidung gelangen. Das gilt für Beruf, Karriere, Familie und Liebe, für das ganze Leben.

78 farbige Karten, 10 x 16 cm, mit Begleitbuch, 224 Seiten, gebunden, in Box
ISBN 978-3-89845-364-6
€ [D] 26,90

Isha & Mark Lerner

Tarot für das innere Kind

Eine Reise in die Welt der Märchen

Ein märchenhaftes Tarot, das das Kind in uns wiedererweckt: Es hilft uns auf sanfte Weise, mit den äußerst kraftvollen Archetypen der inneren Welt in einen Dialog zu treten.

Mit den Motiven so bekannter Märchen wie Dornröschen, Alice im Wunderland und Peter Pan öffnen diese Karten Herz und Verstand und lassen uns Neues über unser Selbst entdecken. In Anlehnung an das traditionelle Tarotdeck eignet sich dieses Tarot fur Traumarbeit, Heilungsprozesse und die Beschäftigung mit Kindern. Die farbenfrohen Bilder werden gemeinsam mit den Geschichten und Märchen zu einem faszinierenden Führer für die Reise nach innen und bilden eine Brücke zwischen dem Bilderreich der Kindheit und den Möglichkeiten der Welt der Erwachsenen.Ein Abenteuer voller Zauber und Phantasie!

248 Seiten, gebunden
ISBN 978-3-89845-318-9
€ [D] 19,90

Gerald Jampolsky & Diane Cirincione

Was uns das Leben lehrt

Inspirierende Lebensgeschichten, die unser Innerstes berühren

Nur wenige beherrschen die Kunst, spirituelle Weisheiten so zu vermitteln wie die Bestsellerautoren Gerald Jampolsky und Diane Cirincione. In diesem Buch benutzen sie die hawaiianische Tradition des »Geschichtenerzählens«.

Egal, um welches Thema es geht – Angst, familiäre Wurzeln, das Heilen des Körpers oder unsere Ansichten zu Leben und Tod –, durch alle Geschichten zieht sich ein einfühlsames Mantra spiritueller Schlüsselkonzepte. In diesen berührenden Geschichten teilen die Autoren ihre spirituellen Erfahrungen mit uns und regen dazu an, dem eigenen Weg zu folgen.

208 Seiten, broschiert
ISBN 978-3-89845-259-5
€ [D] 14,90

Richard Webster

Dein Seelenpartner wartet ...

Der Bestsellerautor Richard Webster hat entdeckt, dass – irgendwo – jeder Einzelne von uns einen Seelenpartner hat. Diesen zu finden, das ist kein hoffnungsloser Traum, sondern absolut machbar. Möglicherweise zählen Sie aber auch zu den Glücklichen, die ihre andere Hälfte bereits gefunden haben – dann lernen Sie in diesem Buch, wie sich daraus eine dauerhafte Beziehung entwickeln kann. Seelenpartner treten immer im richtigen Moment in Ihr Leben, meist zu einer Zeit, wenn wir bereit sind, sie zu treffen. Lernen Sie, die Hintergründe von Inkarnation, Karma und Seele zu verstehen.Praktische Meditationen und spezifische Übungen werden es Ihnen ferner erleichtern, sich selbst für die Liebe zu öffnen, um so Ihren Seelenpartner anzuziehen.

256 Seiten, broschiert
ISBN 978-3-89845-362-2
€ [D] 14,90

Pierre de Forêt

Seelengeheimnisse und psychische Welten

Pierre de Forêt berichtet, wie er als junger Mann aus seinem physischen Körper »ausgestiegen« ist und Astralreisen in die feinstoffliche Welt unternommen hat, zu denen er von seinem Begleiter, einem Wesen aus dem Jenseits, abgeholt wurde. Durch Forêt erfahren wir die »neue« Sicht der geistigen Welt zu Themen wie zwischenmenschliche Beziehungen, Mensch, Tier und Pflanze, Engel, christlicher Glaube und kosmisches Gesetz. Darüber hinaus übermittelt Forêts Begleiter uns den authentischen Wortlaut der Zehn Gebote.
Die völlig neuen Botschaften und präzisen Aussagen dieses Buches bieten dem Leser Antworten, die aufwühlen und nachdenklich stimmen. Ein Buch, das dem Leser das Gefühl vermittelt, nach langer Suche endlich angekommen zu sein!

176 Seiten, inkl. 16 Seiten Farbteil, broschiert
ISBN 978-3-89845-297-7
€ [D] 12,90

Maria W. M. Schmitt

Spiegelbilder deiner Seele

Symbole und Farben medial deuten

Ein Schlüssel, um unsere medialen Wahrnehmungssinne zu öffnen. Die Seele, das geheimnisvolle, unsichtbare Wesen ... Doch mit den verschiedenen Techniken des medialen Malens wird das Spiegelbild der Seele in Form von Farben und Symbolen sichtbar gemacht. Die Bilder stellen dabei Abbilder der Persönlichkeit dar.
Ein wunderschönes Handbuch mit und über Bilder, in denen sich seelisch-geistige Aspekte und damit verbundene Entfaltungsmöglichkeiten spiegeln. Machen Sie sich im wahrsten Sinne des Wortes ein Bild von Ihrer Seele ...